"茅舍槿篱溪曲"

"门外春波荡绿"

踏上回归精神故里寻古探幽的旅程，

感受乡土的温暖与润泽，

体味精神家园的馨香。

河南

吴垭

中国历史文化名城·名镇·名村丛书

中国民间文艺家协会／组织编写

总主编／潘鲁生　邱运华

本卷主编／田晓

知识产权出版社

———《中国历史文化名村·河南吴垭》———
编委会

主　　编｜田　晓

编　　委｜以姓氏笔画为序

马鸿莹　王　征　王晓杰　田　晓　朱晓红

陈　晋　周晓锋　袁　玲　蔡　伟

摄　　影｜张　真　田　晓　王　浩　陈　蒙　马鸿莹

英文翻译｜万明科

中国民间
文化遗产
抢救工程
THE PROJECT TO CHINESE
FOLK CULTURAL HERITAGES

中国历史文化名城·名镇·名村丛书

积聚海量信息 寻觅科学路径（序一）

邱运华

　　传统村落保护是当下中国文化遗产保护工作中最重要的社会性课题之一。对于一个具有绵延五千年不间断农业文明的民族来说，传统村落能否得到妥善保护更是一个文明能否传承的关键问题。

　　传统村落保护是当代社会发展的普遍问题，不独中国社会存在，西方发达国家存在，东方发达国家也存在。从世界范围看，这是一个国家从欠发达到发达、从农业社会过渡到工业社会、从以农村为主体发展到城镇化生活方式过程中普遍存在的问题。有学者把中国农村经济结构改造、社群建设、新文化建设和整体民生改善工作这一进程，追溯到 20 世纪 50 年代。但我以为，它毕竟不是我们现在所处的整体转向工业化、城市化进程中遇到的课题。中国社会同一性质的乡村保护课题，起源还是世纪之交的 2003 年 2 月 18 日"中国民间文化遗产抢救工程"。2012 年 12 月 12 日，住房和城乡建设部、文化部、财政部联合发布《关于加强传统村落保护发展工作的指导意见》，2014 年 4 月 25 日，除上述三部外又增加了国家文物局，联合发布《关于切实加强中国传统村落保护的指导意见》，两次重申传统村落保护的联合行动。冯骥才先生在 2012 年的一篇文章里把传统村落保护提高到文明传承的高度，我认为非常正确。中国社会各界对传统乡村保护的问题，有着非常积极的呼应。

　　中国是发展中国家，但是从东部、南部和东南部区域看，具有发达国家的基本特征。农村人口从西部向东部、从村落向城镇转移，是 1990—2010 年之间最重要的社会现象，这一巨大的人口变迁集中表现为城镇人口急速膨胀、传统村落急速空心化，不少历史悠久的自然村落仅仅剩下老人和儿童。因此，传统村落的保护在中国面临的问题，与发达国家相比，具有共同性。例如，从"二战"后恢复到工业化时期，德国和日本先后进行的村落更新或改造项目，具有几个明显特征：一是以激发村落内部活力、发展农村经济作为前提，以改造农村基本生活设施作为基础展开；二是村落更新或再造项目以土地管理法令的再研究作为保障；三是建立了学术界论证、公布更新或再造规划、政府支持的财政额度及投入指向、个性化改造方案与村民意愿表达的有效沟通机制，有效保障村落历史文化、自然风景、公共空间与私人空间等要素。综合来看，先行的国家特别注重传统村落的"民间日常生活"保存问题。

所谓"民间日常生活"的具体含义是什么？乃指传统村落村民群体的方言、交往方式、经济生产活动、衣食住行、生老病死、教育、节日活动、传统风俗、民间信仰活动以及区域性的传统手工艺活动等，以及上述种种的精神性、思想性、文化性、艺术性和物质性表现形态。长期以来，中国传统村落之所以成为民族文化的保留者和传承平台，核心在于保存着这个民间日常生活，它的内容和方式，在民间日常生活的基础上，方可承载不同样式、层次的民族文化。

之所以在这里提出"民间日常生活"作为传统村落的文化基础问题，乃是因为看到目前对待传统村落的两种观点具有相当的欺骗性，并不同程度地主宰和误导了传统村落的基本价值指向。一种是浪漫主义传统村落观，一种是商业主义传统村落观。浪漫主义传统

村落观把传统村落理想化、浪漫化，仿佛传统村落是用来怀旧的，象征着一切美好的自然与人类的和谐，田园风光，日出而作，日落而息，男耕女织，像是《桃花源记》里的武陵源，"不知有汉，无论魏晋"。但是，这不是民间日常生活；民间日常生活还包含在落后生产力条件下的温饱之苦、辛劳之苦，是传统村落里百姓的生活常态；生产关系之阶级阶层压迫、政治强权和无权地位，以及在自然面前束手无策，在兵灾、匪患和种种欺男霸女面前的悲惨状态，甚至中华人民共和国成立以来出现过的政治压迫、思想禁锢和社会运动之灾，是乡村浪漫主义者无法想象的，而这，就是大多数传统村落的民间日常生活。文人雅士，在欣赏田园风光和依依炊烟之时，能否探入茅舍，去看看灶台、铁锅和橱柜，去看看大量农夫、农妇的身子，他们是否仍然饥饿、寒冷？或者他们的孩子是在劳作还是就学？商业主义传统村落观呢，则直接把传统村落改造成伪古典主义的模板，打造成千篇一律的青砖瓦房，虚构出一系列英雄史诗和骑士传奇，或者才子佳人和神异仙境的故事，两者相嫁接，转化为商业价值或者政绩价值，成为行政或市场兜售的噱头，这一行为成为当下传统村落"保护"的常态。这两种传统村落观，一个共同的特点是把村落与民间日常生活相割裂，抹杀了民间日常生活在传统村落里的价值基础，从而，也直接把世世代代生活于这一场景的村民们赶出村落，嫌他们碍事，妨碍了我们的浪漫主义和商业主义梦想；他们不在场，我们可以肆意妄为地文化狂欢。那些在民间日常生活中久存的精神性的、思想性的、文化性的、艺术性的符号，均不在话下。但是，假如村民不在场，社群活力不再，传统村落如何是活态的呢？西方哲学有一个时髦术语，叫作"主体缺失"，因为主体缺失，因而话语狂欢。

关注传统村落的村民，无疑是中国传统村落保护的第一要素。但恰好是人这第一要素构成了传统村落的凋敝和乡愁的产生。

1990年至2010年这二十年，随着一些区域传统村落里村民流动性的增强，特别是青壮年村民向东部、东南部和南部沿海地区季节性的流动，极大地影响了这些区域传统村落民间日常生活的展开，减弱了传统村落的社群活力，也相应削弱了传统文化活动的开展。这样，构成传统村落民间日常生活的内容慢慢演变成淡黄色、苍白色，成为一种模糊记忆，抑或转化为一年一度的春节狂欢，最后，演变定格成为日常性质的乡愁。民间日常生活不再完整地体现在现在乡村生活之中。那个完整的民间日常生活，在我们不得不离开它的土壤之后，便蜕变为乡愁。乡愁这只蝴蝶的卵，就是民间日常生活。而伴随着乡愁这只蝴蝶而出现的，却是一个个村落日常生活不断凋敝、慢慢消失。乡愁成为我们必须抓住的蝴蝶，否则，我们的家乡便消失在块垒和空气之中，我们千百年创造的文化便无所依凭。然而，据统计，在进入21世纪（2000年）时，我国自然村总数为363万个，到了2010年，仅仅过去十年，总数锐减为271万个。十年内减少约90万个自然村。若是按照这个速度发展下去，三年、五年之后，我们的传统村落便所剩无几了。也就是说，出生和成长在这些村落而现在散居在世界各地的人们，将无以寄托他们的乡愁。若是其中有的村落有几百年、上千年甚至更久远的历史呢？若是其中有的村落有着华夏一个独特姓氏、家族、信仰和其他各种人文景观等呢？

越来越多的学者开始从事传统乡村保护的研究工作，例如《人

中国民间文化遗产抢救工程 THE PROJECT TO CHINESE FOLK CULTURAL HERITAGES SOS

民日报》2016 年 10 月 27 日发表了"老宅、流转、新生"为题的介绍黄山市探索古民居保护新机制的文章，还配发了题为"古民居保护，避免'书生意气'"的评论；《中国文化报》2016 年 10 月 29 日发表了题为"同乡村主人一起读懂文化传承"的文章，提出了"新乡村主义"的概念，在它的题目之下，包含有乡村治理、乡村重建和乡村产业化的多功能孵化等内容。为此，文章提出了"政府在制定政策方面、标准化编列预算、聘请专家团队和 NGO 组织，进行顶层设计、人才培养、产业孵化和公共服务"四项基本措施，还配发了"莫让古民居保护负重前行"的文章。《光明日报》2016 年 11 月 15 日发表了题为"福建土堡：怎样在发展中留住乡愁"的报道，记叙了专家考察朱熹故乡福建三明尤溪土堡的过程；记者报道了残存的土堡现状，记录下专家们的意见：政府与社会资本合作的"PPP 模式"，面对乡村人口日趋减少的不可逆现实，应该吸引城市中的人回到乡村，将土堡打造为"民宿"，在不破坏现有形制的前提下，实现功能更新。也有专家提出，就保护而言，首先应该考虑当地人，人的利益是优先的，只有做到长期发展而不是只顾短期利益，文化遗产保护事业才能够持续发展，等等。

上述建议，已经超越了简单的乡愁情怀，而诉诸国家土地法规、资金筹措模式、专家功能实现等层次。应该说，在越来越深入研究、讨论的基础上，对传统村落保护的思路越来越宽了，为政府制定传统村落保护法提供了良好的基础。在国家立法的基础上，国家、地方政府组织专家开展普查，确认传统村落的级别，分别实施不同层次的激活、保护、开发，才有坚实的基础。

我理解，通过专家学者的普查、认定，得出的结论一定会有利于政府形成健全完备的保护方案和具体操作措施。一方面，对仍然有社群活力的乡村，实施新农村建设规划，改善其经济机制，改建生活设施，改善村民的生活条件，把工作重点聚焦到提高农业产业框架基础、为居民提供更好的生活环境、增强村庄文化意识、保存农村聚落特征上来。另一方面，为有着特殊文化传承却逐渐凋敝，甚至失去社群活力的乡村，探索一套完善保护的工作模式，形成一种工作机制，并得到国家法规政策的支持和保障，包括土地规划、投资体制、严格的环境保护，建立严格的农民参与机制等，为保留故乡记忆、记住我们的乡愁，留下一系列艺术博物馆、乡村技艺宾馆，产生具有独特价值的"乡愁符号"。

作为"中国民间文化遗产抢救工程"的重要项目之一，《中国历史文化名城·名镇·名村丛书》正是通过众多专家学者和民间文艺工作者辛勤的田野调查工作，在中国民协推动的"中国传统村落立档调查工程"所积聚的海量信息基础上，多学科、多视角地反映当下古城古镇和传统村落现状，发掘传统文化的独有魅力，进而为保护和传承优秀传统文化积累鲜活的素材，汇拢丰富的经验并寻觅科学的路径。相信这套丛书的出版将对古城古镇和传统村落的保护发挥积极作用。

2017 年 3 月

（作者系中国民间文艺家协会分党组书记、驻会副主席）

留住乡村 留住乡愁 留住农耕文明（序二）

程健君

几千年的中原农耕文明，给我们打下了关于乡村的深深烙印：神秘的山林，宁静的荷塘，皎洁的月色，稀疏的篱笆，蓝色的瓦屋，高大的牌坊和威严的祠堂，连通各家曲径幽深的小巷，还有小巷中不知被多少代人踩得明光发亮的石板路，村旁的水井和辘轳，村外无际的原野和庄稼……这就是乡村，一个让人梦牵魂绕的地方。

乡村是闲适的、恬淡的、舒缓的。百姓们在这里春耕夏种、秋收冬藏，熬过酷暑严冬。在这里听林中鸟唱、塘中蛙鸣；星夜里可仰望天山的牛郎织女，瓦屋下有村姑织布纺花；一代代村民在这里休养生息，婚丧嫁娶，度过喜怒哀乐，创造着属于他们自己的信仰、崇拜、伦理、亲情，创造着他们自己的文学和艺术，培养着自己的审美情趣……这就是乡愁——一个民族渗透在心灵中的传统，一种穿透进精神深处的根脉。它是历史的凝结、文化的本色、情感的归依、精神的家园，它是乡村不灭的灵魂。

河南数以万计的乡村聚落，见证着几千年的华夏农耕文明，是优秀历史文化遗产的集中体现，是人类共同的精神家园。我们并不苛求快速的现代化进程中能原汁原味地将所有传统村落保留下来，我们也无权剥夺人们享受现代生活和改变生活方式的权利。但现代化进程并不意味着要丢掉传统，丢掉文化，更不意味着要丢掉人们魂牵梦绕的乡村家园。

乡愁在哪里，乡愁就在青山绿水的村野，在炊烟缥缈的乡村百姓的"民间日常生活"中。现在的乡野，我们所看到的一些被保留的古村落，多数是一些即将坍塌扭曲的老建筑。村落里留下的一些传统民居中，多是留守老人，实际上是一个又一个"文化的空巢"，没有了"民间日常生活"，丢失了乡村的灵魂。中国传统村落的保护，已经到了"魂不守舍"的"最危险的时刻"。留住传统村落这个"舍"，才有守住传统村落"魂"的可能。

保护好传统村落，对于建设美丽中国，建设文化强国，传承中华传统文化，增强民族自豪感和心灵归属感，提升国家文化软实力和国际影响竞争力，都具有重要的现实价值和深远的历史意义。

留住家园，留住乡愁，不应当只是一部分专家学者的呼吁，而是我们这一代人的历史责任。中国民间文艺家协会会同中国摄影家协会紧急启动了"留住乡愁——中国传统村落立档调查"工程，

这是中国传统村落遗产保护的一个历史性伟大的文化工程，是全国广大文化工作者出于民族的、文明的、知识的、道德的良心，所担负的中国文化史上的又一重任。《中国历史文化名城·名镇·名村丛书》是由中国民间文艺家协会承担并在全国组织实施的"中国民间文化遗产抢救工程"重点项目之一，也是"留住乡愁——中国传统村落立档调查"的阶段性成果。

河南历史文化悠久，历史文化名城、名镇、名村众多，仅已经被公布的前四批中国传统村落就有 124 个，公布的前五批河南省传统村落 796 个。河南传统村落历史文化遗存量较多，体现了河南乡土传统文化的博大厚重。为更好地弘扬中原传统文化，加强对历史文化名城、名镇、名村的保护和规划建设管理，保存和延续文化遗产的真实历史信息和独特价值，有效保护和利用不可再生的历史文化资源，根据《中国历史文化名城·名镇·名村丛书》编纂方案要求，我们筛选了两个具有河南农耕文明典型特征的国家级传统村落——豫北一斗水村和豫西南吴垭村作为先期试点编撰。为了完成这项浩大的工程，数以百计的民间文艺工作者和高校专家学者以及大学生志愿者为主体的保护队伍长期活跃在乡村田野第一线，将村落散落的民间文化资源集中起来，寻找其历史线索、历史脉络、历史轨迹，发现地域文化的创造力、想象力、影响力以及局限性，为保护我们的家园，守护乡村的灵魂，做出了不懈的努力。

中原文化博大精深，浩如烟海，编撰《中国历史文化名城·名镇·名村丛书》河南卷，在如此广泛的领域和众多学科中，对河南传统村落文化资源进行大规模的田野调查、挖掘和整理，一定会留下许多不足和遗憾，需要我们认识和纠正，敬请各位方家和读者批评指正。

2018 年 6 月 12 日

（作者系中国民间文艺家协会副主席、河南省民间文艺家协会主席）

中 国 历 史 文 化
名城·名镇·名村丛书

中 国 历 史 文 化 名 村

河南吴垭 ┃ 目录

022 引 言

第一章
"石头村"沧桑

032 石头书写的沧桑岁月
036 天人合一的聚落选址
042 错落有致的庭院布局
050 古风犹存的建筑风姿
061 石碑镌刻的古村记忆

第二章
秀美山乡

068 峻峰奇石

071 秀林灵树

第三章
农 耕 文 化

078 石砌梯田
080 四季耕作
084 农副特产

第四章
古 朴 民 风

090 日常生活
107 民间信仰
109 族规家训
110 传统节日
117 庙会集市
121 游艺娱乐

第五章
传 说 故 事

126 三叉古柏与吴家三门人

127 猪八戒与搂耙山

128 黑虎庙里审奇案

130 救命石壕

131 狄青洞传说

132 石堂山传说

第六章
山乡手艺

136 编织

138 纺花织布

140 石艺

141 剪纸

142 木匠

144 风味小吃

第七章
美好吴垭

152 守望乡村

155 吴垭寻梦

162 附 录

Famous Villages, Famous Towns, Famous Cities
of Chinese Historical and Cultural Series

The Chinese Famous Historical and Cultural Village
Wuya Henan | Contents

022 Foreword

Chapter 1
Vicissitudes of Stone Village

032 Vicissitudes Written by Stones

036 The Settlement Location that Heaven and
     Man are United as One

042 Well-arranged Courtyard Layout

050 Ancient Charming Buildings

061 The Memory of Ancient Village on the Stone
     Tablet

Chapter 2
Beautiful Surroundings

068 Grotesque Rocks

071 Green Forests

Chapter 3
Farming Culture

078 Stone-built Terraces

080 Four-season Farming

084 Agricultural and Sideline Specialties

Chapter 4
Antique Folk Custom

090 Daily Life

107 Folk Beliefs

109 Clan Rules and Family Disciplines

110 Traditional Festivals

117 Temple Fairs

121 Recreation and Entertainment

Chapter 5
Folk Stories

126 San Cha Ancient Cypress and Three Men of Wu

127 Zhu Bajie and Rake Mountain

128 Trying Cases in Black Tiger Temple

130 Life-saving Stone Trench

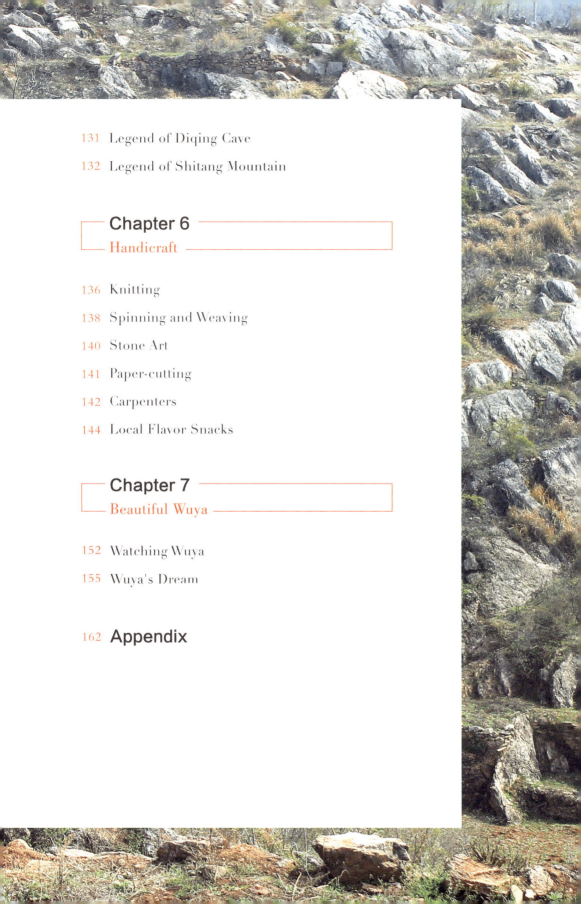

131   Legend of Diqing Cave

132   Legend of Shitang Mountain

Chapter 6
Handicraft

136   Knitting

138   Spinning and Weaving

140   Stone Art

141   Paper-cutting

142   Carpenters

144   Local Flavor Snacks

Chapter 7
Beautiful Wuya

152   Watching Wuya

155   Wuya's Dream

162   **Appendix**

引 言

　　吴垭村，位于豫西南，属河南省南阳市内乡县乍岖（岞岫）乡管辖，距内乡县城6公里，距省道豫52线1公里，距内邓高速内乡西站3公里，距"南水北调"中线工程陶岔渠首枢纽工程20公里，该村在乍岖乡王井村石人山与青山岈交会处的山垭上，因所居住的居民多为吴姓，故而称为吴垭。吴垭，是闻名中原的石头村，距今已有270余年历史。吴垭村地理坐标为东经111°49′10″、北纬33°03′02″，所处位置属长江流域汉水上游白河水系，为亚热带湿润地区，土壤为黄棕壤土。阔叶林、落叶林植被覆盖率达80%，海拔360米，气候温和。该地区年平均主导风为东北风，频率为19.75%，冬季盛行偏北风，春季和冬季平均风速较大。年

↓ 站在石壕沟南面的山坡上向东北方向看吴垭村

平均日照时数相对偏少，光能资源属河南省低值区，年平均气温为15°C，地形雨和对流雨较多，空气湿度较大。

吴垭石头村坐北朝南，背山面岭，东、西、北三面群山环抱，地势险峻，故称之为"垭"。其山势由西北向东南延伸，中部和南部浅山连绵。吴垭村西侧为东西300米长，南北200米宽，约60000平方米的大石峡。

吴垭聚落所在地域曾受喜马拉雅造山运动影响，沧海变桑田，经过亿万年自然演化，形成了丰富的沉积岩、石灰岩、岩浆岩、白云岩等。吴氏祖先以此地丰富的海相沉积岩为基本材料，依山就势，筑舍垒墙，铺路修桥，世代在此繁衍生息，与豫西山地自然环境和谐共生。吴垭村建筑文化体现在其古朴的石砌建筑群上，石头是吴垭村的建筑灵魂。村内，宅院错落有致，古风犹存；房舍石墙青瓦，

↑ 北望吴垭村

↑ 俯瞰吴垭石头村

↑ 巷道雪景

↑ 石头村雪景

质朴简洁；街巷石板曲径，恬淡幽静。吴垭村传统石砌建筑以清代民居建筑为主，现存以两进院、三进院青灰石头房居多。聚落内部地势高差达 30 米，建筑物多平行或垂直于等高线排布，阶梯式布局，具有较强的视觉导向性和灵动感。

吴垭石头村是中原农耕时代背景下宗族文化的产物，单姓氏宗族群体，具有典型的豫西南汉民族传统农耕文化特征。在这个聚落里，至今仍基本保留着传统的生产技艺、生活方式、人生礼仪、民间信仰等，并流传着"离娘礼""娶亲送客"等风俗，传讲着《三叉古柏与吴家三门人》《救命石壕》《棋盘山与猪八戒》《黑虎庙》

↓ 山乡梯田

等传说故事。几百年来，村民们生活在相对封闭的自然环境里，逐渐沉淀形成了一种相对独立的宗法制度，族风、族训、民俗文化代代传承，淳风厚俗，人情乡愁浓郁。

吴垭村是中原农耕文明留下的具有代表性的普普通通的传统村落建筑群，它对于研究中原地区农耕文明具有普遍意义。吴垭石头村是中国传统民居群落的代表之一，反映了豫西南山区传统村落民居的典型特征，体现了百余年来南阳盆地宛西风情，具有重要的建筑文化、农耕文明和历史遗产的价值。

中华人民共和国成立以来，历届内乡县委、县政府重视村中文物古迹保护。2005 年 12 月，吴垭村被命名为"县级文物保护单位"；2006 年 6 月，被河南省人民政府公布为第四批"省级文物保护单位"；2007 年 9 月，被列入河南省首批"古代暨近代民居民间建筑保护名录"；2008 年 3 月，被评为"河南省民间文化遗产"；2009 年 10 月，被联合国教科文组织、中国国土经济学会评为"第二届中国景观村落"，在已评出的三届中国景观村落中，河南省仅此一家；2010 年 11 月，被河南省人民政府公布为"河南省第四批历史文化名村"；2012 年 12 月，被国家住房和城乡建设部、文化部、财政部列入首批中国传统村落名录。

石头，垒砌出吴垭村的文化历史。

吴垭，展示中原农耕文明的聚落。

乡愁，保留在吴垭村的石头缝里！

↑ 黄棕壤土

↓ 通往吴垭村的山路

↑ 雪中吴垭民居

中国民间
文化遗产
抢救工程
THE PROJECT TO CHINESE
FOLK CULTURAL HERITAGES

走进吴垭石头村，仿佛在不经意间穿越了历史的时空隧道，来到了农耕时代。一座座石头垒起的建筑物就那么矗立着，守望着，见证着这个村庄数百年来的沧桑。

↓ 石头房

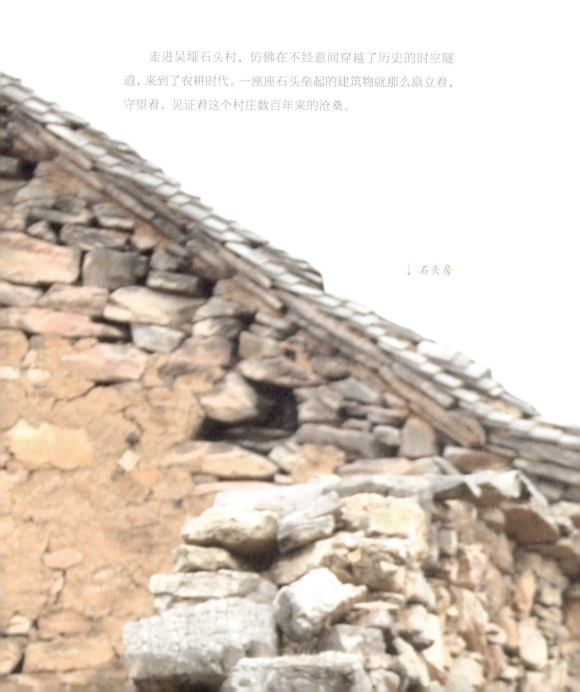

中国历史文化名村

河南吴垭

第一章
"石头村"沧桑

石头书写的沧桑岁月

　　吴垭石头村，始建于清乾隆八年（1743），距今 270 余年，是豫西山地现存较为完好的单姓氏传统聚落。系吴氏先人吴迪元为躲避战乱，从内乡县湍东镇龙头村堰坡搬迁至此而逐渐形成。在这个村子里，所有的人都是吴迪元的后人，因为居住在两山之间的高地上，故有"吴垭"之称。

　　吴氏子孙经过近三百年的发展，至今已经有第十九代子孙传承，共 56 户。吴氏族人先后开垦土地数百亩，用石块、石板砌筑房屋，保存较为完整的石头建筑群 93 座 280 余间，占地面积 16650 平方米，建筑面积 5620 平方米；保存形态较为完整、风貌原始古朴的历史街道七条，古墓地两处，石碑十三通，百年古树九棵，形成了一个颇具规模的山乡聚落。面对荒山，吴氏先祖不畏艰险，筑石为屋，开荒种田，聚族而居，繁衍生息，为吴垭石头村的发展打下了坚实基础。

　　吴垭村周边山地取之不尽的山石为吴氏族人提供了良好的建筑材料，他们发挥自己的聪明才智，就地取材，开山凿石，与自然环境巧妙结合，建起了一座又一座造价低廉、经风雨、独具特色的石头房。现存建筑以石灰岩、水泥灰岩、白石岩为基材，采石建屋，村后坡上的起石坑仍在。在这里，石头诠释岁月，垒砌出历史，实实在在地融入村民的生活里、血液里和生命里。石头与人相互依存，人与自然和谐相处，生生不息，源远流长。

　　错落有致的石头房依山势而建，掩映在茂林、修竹、古藤、老树之中，屋内、屋外石头器具仍是百年来的旧模样。石板路、石板桥、石台阶、石门楼、石院墙、石磨房、石畜圈、石井、石槽、石桌、石凳随处可见，石头房与石头器具成为石头村"文化遗产"的载体，透视出中原传统农耕文化和南阳盆地风情。南阳作家周同宾曾感慨道："贫穷和封闭造就了这个石头村落。漫长时间把它锻炼成了凝固的历史，使它负载了浓重的文化。于是，村中一切都成了文物。村民无意中创建了一座博物馆，现代文明遗忘了这个小村，这个小村却获得了独有的存在价值。"

↓ 吴垭石头墙

石碾

石井

采石坑

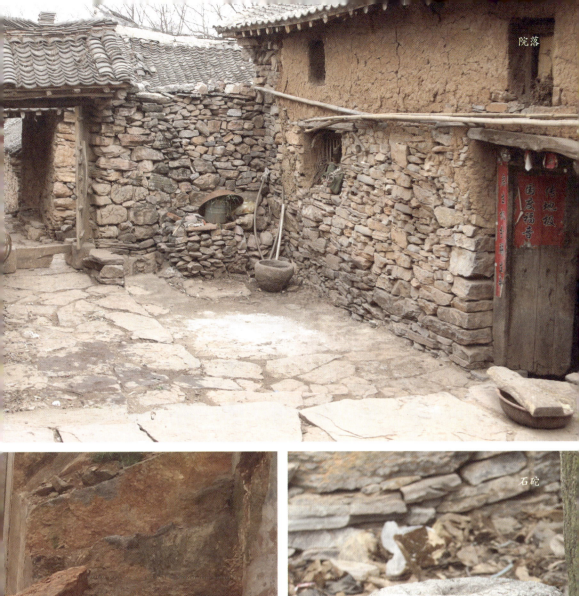

院落

石砣

天人合一的聚落选址

古人对聚落的选址十分讲究，崇尚天人合一，融入自然理念。

我国古村落大都是坐北朝南，"靠山临水"是最佳选择。村落背靠大山，在背风一面造房子，可以有效保暖保温，防止北风直吹。村民饲养的家畜、耕种的农作物都要依赖水源才能生存，便利的取水环境也是村庄选址必须考虑的。

吴垭村坐落在山体阳面的三层台地上，坐北朝南，负阴抱阳，符合传统"堪天道、舆地道"的堪舆学说。总体布局符合《周易》后天八卦中的寓意。西北侧为连绵不尽的山脉，以应八卦之乾位；

↓ 村落全景俯视

村落入口设置在东南的低山方向，与四合院中大门的位置一样应对巽卦，即主东南向，风从东南入，直奔中央之龙穴，即村落的位置，寓意大吉大利。村子坐落的地形呈前低后高的走势，大体分为三层段落：村前空地，民居建筑群，村后林地。村头的草亭和界碑相当于影壁，村口的空地便是明堂，体现出村民希冀获得庇佑的美好祈愿。这种选址方式不仅遵循了传统风水习俗，更重要的是利用自然，创造一个冬暖夏凉、朝向良好、避风防洪、利于防御、环境优美、天人合一的居住环境。[1]

吴垭村属于血缘型聚落，以村中心广场为重要的公共集会空间，街巷空间、门前空间和庭院空间等都顺应山势，灵活布局。随着人口规模的扩大，民居院落以村中心广场为中心，先向后山纵向发展，再由山腰向东西两坡横向发展，看似自由散乱，实则很有规律性。

---

① 华欣．豫西山地传统民居聚落及营造技术研究．郑州大学，2014.

↑ 村前麦场

↑ 民居建筑群

↑ 村后林地

↑ "河南省第四批文物保护单位——吴垭民居"碑

村庄入口

出于一定的防御性考虑，村外入口道路到聚落终止，是进出村落的唯一通道。顺着蜿蜒的盘山路，进入到一个口袋形的空间里，村子入口位于山路回转处，视觉上比较隐蔽。

↑ 石棋子

棋盘广场

顺着村口向里走，有一片开阔平坦的区域，这就是吴垭村的中心广场，其担负着村落主要交通的疏解和汇聚作用，不但联系着村落的对外交通，还直接与村落的主要巷道相通相连。

广场地面由不规则的自然石板铺设，镶嵌出"楚河汉界"的象棋格图案，形成一张大大的棋盘地面。原来广场上有一副完整的石质象棋子，农闲时的人们可以通过手推的方式进行博弈，既锻炼身体，又娱乐消遣。现在，石棋子大多已经散失，只残留一颗几十斤重的石质象棋子。

石板小巷

吴垭石头村的地势虽有起伏，但整体相对平坦，村落的街巷骨架呈较为清晰的"田"字网格。石板路纵横交错，如同长长短短的虚线、实线把宅院房屋编织起来。村落现存的主干巷道有 7 条，3 条南北纵

↑ 迪元巷

↑ 黄楝巷

↑ 梧桐巷

向道路是村落的主要交通空间，宽约 1.5 米，将宅院民居按类型划分为不同尺度的块状组团；4 条东西横向道路，宽约 0.6 米，结合地形落差对村落进行横向划分。村中现已命名的巷道有 4 条，分别为迪元巷、黄楝巷、梧桐巷和金桂巷。

吴垭村的街巷空间大小、宽窄、高低富于变化、灵活有序，启程与转折自然而连贯，整个村落曲径通达。由于聚落内部高差较

大——村中最低和最高的院落垂直高差20
多米，聚落小的建筑也多平行或垂直于等
高线排布，高低错落，具有较强的导向性
和灵动感。

村落中民居院落之间的布局较为紧
凑，村中巷道狭窄，阳光照射有限，因而
产生阴影，形成"冷巷"效果，冷巷里
温度较低的空气与尽端街面热环境冷热交
换，形成天然对流的"巷道风"，成为夏
日午后人们乘凉的好地方。

↑ 金桂巷

排水系统

吴垭村受地形和季风因素影响，年平
均降雨量在800毫米左右，且多集中于夏
季。如果无法快速收集或及时排除降雨，
易造成道路房舍积水、水土流失，甚至出
现山体滑坡等灾害。吴垭祖先修筑了古排
水系统，从单体建筑、院落、巷道到聚落
都设置了排水设施，等级明确，结构分明。
明沟排水道顺应地势铺填，平均宽20厘
米、深30—40厘米，由石块垒砌而成，
形成天然排水坡度，雨水逐层汇集。整个
排水系统严密贯畅，颇有当地特征。

↑ 等高线排布的民居

错落有致的庭院布局

　　吴垭村传统民居在历史演进过程中，一方面受陕南文化、襄楚
文化和历史上几次大移民的影响；另一方面在单体建筑和院落空间
组合方式上依山就势，灵活布局，形成了独特的院落空间类型。这
些院落有的是上房下院，有的是房院一体，还有的是两房两院呈阶
梯状分布，似宫殿一般。大部分石头房为院落式的三合院，有两进
院、三进院，院落与院落之间以阶梯或石铺巷道相连，空间收放自
如。吴垭村的院落主要由宅门、院落、正房、厢房等构成，平面多
为长方形，呈现"凹、日、目"字形，长宽比在 3：2 与 1：1 之间。

↓ 手绘院落

一字房

吴垭村落民居的开间多为 2.8—3.0 米，属于开间小而进深较大的间架尺度；一字房，以传统一明两暗式平面，建筑高度以一层为主，有的带阁楼，很大程度上代表了豫西南山区民居的一般特点，房屋具有简易、经济的特点。[1]

多样的合院

吴垭民居以合院为主，院落空间分为三种类型：二合院、三合院、四合院。

二合院　以一字形平面坐北朝南建筑为正房，多三开间，中间为堂屋，两侧为卧室。在正屋左侧或右侧，间隔一定距离设厢房，一般以东厢房居多。

三合院　一是从传统三合院中演变而来，正房建筑东西两侧间隔一定距离分别设置厢房，一般为三至四间，厢房建筑高度略低于正房，这种布局在吴垭民居中保留较多。

四合院　即房屋围绕院落四周布置成为一个对外封闭的宅院，具有较强的围合感和向心性，这种布局方式在吴垭村也较为常见。

四合院由正房、东西厢房、门房组成，门房倒坐，一间设为出入大门。

---

[1]周芸. 豫西南山区传统石板民居的院落空间及建筑特征研究——以内乡县吴垭村为例. 中外建筑, 2013.

三合院

多进院落

一字房

二合院

四合院

多进院落

在吴垭聚落的合院式布置中，大多数建筑为一层，但随地势的高低变化灵活布置，通过高差、斜坡及进深明确建筑等级，预留过道等相互拼接穿插，错落有致。在常见的三合院、四合院格局上进行叠加延伸，形成多进院落。第一进院落没有倒坐房屋，设为门楼，以中间一道墙或过堂屋（过屋、串堂）为界，分割出前后院落或三进院落，在院落东、西、北三面设置厨房、柴房等杂物间；院落对外界面不开窗或开小窗，以降低堂屋与外部环境的接触，及居住空间的传热耗热量。

↓ 一进院落

↑ 二进院落

↑ 多进院落

↑ 院落

↑ 东厢房

屋舍的尊与卑

吴垭村合院式民居在平面布局上遵循传统等级观念，延续了传统院落空间中的理性和等级性，并采用不同的木构架体系体现空间的等级性、功能性和独特性。正房一般采用穿斗式木构架，设置阁楼空间，提高正房的立面高度，以体现出正房在整个院落中的重要性。两侧厢房则采用穿斗和抬梁结合的木构架，阁楼空间较低，立面低于正房，在等级上从属于正房。作为南北方民居典型代表的穿斗式木构架和抬梁式木构架，在吴垭村合院式民居中被灵活地运用到空间设计上，通过与阁楼空间的结合，不仅在房屋立面上体现出等级差异和院落空间的严整性，而且创造了丰富的室内空间，体现了空间的等级性和功能性。[①]

房舍的居与用

院落中的房舍使用，一般遵循"长幼有序、内外有别"的原则，根据家庭成员的辈分、婚否、年龄、性别而定。主房，

①周芸．豫西南山区传统石板民居的院落空间及建筑特征研究——以内乡县吴垭村为例．中外建筑，2013.

俗称"堂房""堂屋""上房"。上房当间谓"当堂"，是家人团聚，待客用餐的地方。两侧谓之"卧室"或"耳房"，左为上，右为下，长者居左，谓之"上首"，子孙居右，谓之"下首"。厢房也是左上、右下，且以靠近主房的一间为上首。吴垭村民多将厨房安置在厢房上首，其余的厢房一般作为客室、柴屋或者鸡舍等。

石厕位置

↑ 西厢房

厨所，当地俗称"毛司儿""后园儿"，全部为石砌旱厕，顶棚简陋或无顶，一般设在院落下首角落。村内有公共石厕，少数家有私用石厕。

↓ 私用石厕

古风犹存的建筑风姿

吴垭村地处我国南北气候过渡地带，是襄楚文化与中原文化的交汇区域，传统民居建筑集南北风格为一体，结构技术集穿斗与抬梁于一身，不仅有纯正的穿斗式构架，还综合穿斗和抬梁两者的优点，创造出独特的穿斗与抬梁结合式构架；在阁楼和屋面特征上也有自己独特的一面，成为清代豫西南山区地方建筑的代表。从遗存的建筑民居来看，民居充分结合地形。由于山体的地形基础呈陡缓不均的坡度，多数房屋的墙壁并不等高，竖向落差较小的地段，基本呈前低后高的走势，房屋形态呈较规则的矩形平面。建筑高度以一层居多，较大的房屋则利用屋顶的三角形结构作为储物阁楼。

构架

吴垭村落民居建筑的承重结构类型为木架与石墙承重体系，立柱用料不大，柱径20—30厘米。墙体用未经过细加工的石块、石片垒砌，屋面将青瓦固定在木椽的斜篱席上，上下彼此搭接、互相叠压，使表面宛若鱼鳞兽甲。

正房是整个建筑群中最重要的建筑，屋架一般为穿斗式木构架，木构架采用疏檩式，比传统抬梁式檩距小。厢房一般为抬梁与穿斗结合的木构架，中间三架梁是抬梁，两边使用穿斗式结构。三架梁为一根弯木，上承脊瓜柱，抬梁与穿斗结构分明，构造简单利落。穿斗及穿斗与抬梁相结合的结构体系自身的多变性、适应性以及良好的稳定性，满足了吴垭村落复杂多变的地形要求，其空间高阔、通风良好的结构特点，也符合当地民居设置阁楼空间的要求。为了保暖，房屋内部多用泥巴和麦秸涂刷墙壁，室内保留自然泥土地面。

屋面 吴垭村石头房子的瓦屋面以仰瓦屋面为主，即屋面铺瓦时不用盖瓦，瓦垄间也不用灰梗遮挡，瓦垄之间巧妙地编制在一起。其屋面构造层次自下而上依次为：承重层（椽子）、苫背垫层、苫背层、黏合泥层、瓦面层。[1]

吴垭传统民居中，有圆椽和方椽两种形式，圆椽的直径在8厘米左右，方椽比较宽且薄，宽度大多超过10厘米。椽子长度依照屋顶檩条之间的步架距离而定，一般在85厘米左右。两椽椽心之间的距离则依照苫背垫层的不同而定，当苫背垫层为望砖时，椽间距以适合望砖尺寸为主；当苫背垫层为竹笆、苇箔等廉价物时，椽间距比较大，一般为采用望砖时的两倍。

苫背层即苫背泥，是望板、望砖上面

↑ 抬梁式房屋

↑ 穿斗和抬梁结合式

①华欣. 豫西山地传统民居聚落及营造技术研究. 郑州大学，2014.

椽子

隔墙

编荆笆

黏合泥

石墙

荆条

屋面

木结构架

铺设的一层防水保温材料，主要以麦秸泥为主，保温隔热性能好，不易开裂。但与普通瓦房的苫背层相比，适当加厚泥背，麦秸也适当多加，以增强泥背的刚性；同时泥背坡度也应适当加大，倾角一般大于 30°。黏合泥以黄土、石灰为主，另加少量煤灰调成近似砖灰色，打一垄泥，铺一垄瓦。

瓦面层为屋面的表层，干槎瓦屋面对瓦的质量要求较高，稍有变形就要剔除，结瓦时对匠人技能要求也高，必须互相错接扣合严密。

阁楼 阁楼是中国传统民居的一个组成部分，主要为主人居住和储藏之用。因不同地区自然环境的不同，传统民居中阁楼在形式和功能上也有一定的差别。吴垭村传统民居中，阁楼的形式和功能

↓ 青瓦屋面

有着自己的特点，即正房和厢房多为两层，阁楼空间低矮，开小方窗，通常用来作为储藏物品的空间，不能居住。阁楼作为屋顶和室内之间的缓冲空间，夏季隔热，冬季保温，起到了调节室内气温的作用。

屋脊 吴垭村的民居建筑为硬山，干槎瓦屋面。屋面构造简单，没有垂脊，只用两陇筒瓦配之。正脊也没有过多脊饰，正脊两端的正吻以简化龙头的造型为主，微微向上弯曲，嘴一律向外。这种脊饰不仅有效地减轻了屋脊的重量，对结构也有利，还可降低造价。吴垭村常见的屋脊属散瓦脊类型。

散瓦脊又称游脊，即只有当沟，没有徒板，直接用瓦斜铺出来的屋脊，也是普通民宅中应用最为广泛的一种屋脊类型。在屋脊的正中位置堆出一个小小的长方形龛，民间传说此龛是供奉姜太公的，用来保护全家人的平安。龛的做法一般比较简单，用泥灰堆砌成方形体块或用一摞瓦代替。[①]

屋顶一般留有洞口作为烟道，方便室内排烟。屋面的瓦片多由当地材料烧制的青瓦，互相叠压，彼此搭接，用石灰泥浆固定在夹层的草、竹、荆条斜篱席，成鳞状。

吴垭民居屋脊多是朴素简洁的散瓦脊，没有复杂的饰件，屋脊正中常采用瓦片做花瓣形镂空叠拼装饰。

石墙 片石干垒，即以石片干砌，不灌浆为主的砌筑方式。吴垭石头房的石材主要运用在院落墙体及建筑外墙上，墙体全部由未

---

① 华欣.豫西山地传统民居聚落及营造技术研究.郑州大学，2014.

散瓦脊

绘纹散瓦脊

屋脊起翘

石头墙

屋脊镂空龛装饰

正在修整的屋面

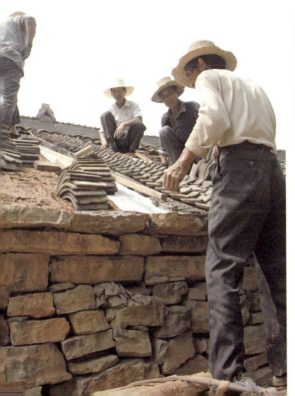

烟道

石头墙

经过加工的石块砌筑，墙体厚度 50 厘米左右，下部考虑承重，选择体量较大的石材；上部为便于与坡屋顶的桁架形态吻合，选择尺度较小的石材。

　　该地区的山石多以石灰岩、水泥灰岩和白云岩为主。砌筑时墙体所用片石尺寸大小不一，一般为 5—20 厘米，缝隙宽 1—3 厘米；墙身的外部直接暴露粗糙的石片，仅在缝隙比较大的地方用黄泥填充；因片石干垒后的墙体较厚，内部不再贴金刚墙，而直接用黄泥或者石灰磨平，整齐美观且冬暖夏凉，有点类似于砖土混合墙体中的"里生外熟"。砌垒起来的片石，即使没有一点儿的泥土和砂灰，也非常坚固，风刮不进，雨淋不透，火烧不裂，冰冻不酥，可谓一个人间奇迹。

↓ 木窗

　　直棂窗　石头房窗户较少，体量也较小，建筑正面墙上通常只设一门一窗。用石料堆砌的窗户有平拱形、圆弧形等。大多数石头房屋架较高，为了增大采光，均采用上下两层窗户的建造方式，在大窗上方又开一个小型楼窗。窗格装饰简洁，一般为直棂窗形式，用直棂条在窗框内竖向排列，犹如栅栏，基本不设其他雕饰。

　　门簪　门簪是中国传统建筑的大门构件，安装在街门的中槛之上，有用两个或四个的，如大木的销钉将连楹结合在门框上，形式有圆形、六方形，但多用六方形。

长按中槛厚一份，连楹厚一份半，再加本身径的四分之五即长，径按中槛高的五分之四或按门口宽的九分之一。吴垭村房屋的门头，大都有木质简单雕刻的门簪，主屋门头一般四个、厢房门头一般两个。门簪是石头屋为数不多的带有一定装饰性的建筑构件，雕刻的图案多为莲花样式。

门枕石　门枕石俗称门礅、门座、门台、镇门石等，是用于中国传统民居的大门底部，起到支撑门框、门轴作用的一个石质构件。因其雕成枕头形或箱子形，所以叫门枕石。吴垭村房屋的门框两侧下部均设有门枕石，门枕石造型简洁，装饰较少，少量雕刻有简单装饰纹样。

吴登鳌宅院

吴登鳌是吴垭村中唯一为官吃俸禄的人。内乡县衙博物馆老馆长李茗公编著的《胥吏衙役故事》中，多次提及吴登鳌，称其不受贿却愿为人帮忙，外号"吴善人"，在贪腐成风的胥吏衙役中极为罕见。至今，其墓、碑、旧宅仍存石头村。清代一小吏，不经意间留下诸多痕迹，把小村与县衙勾连在一起。《吴氏宗谱》中这样记载吴登鳌：

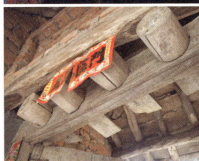

↑ 门簪

↑ 门枕石

↑ 吴登鳌宅

"至于身居衙署，谨慎公事，县主从无生其厌者。"

吴登鳌宅是村中规模最大、保存最完整的一处宅院。前后两进院落，竖向的空间层次非常丰富，从宅前的入口空间到最后的正房分别处在四个台地上。宅院的大门前有一处开阔的空地，拾阶而上，通过入户大门，进入第一进院落中；东西厢房是第一进院落的主要功能房间，以前，西厢房曾经是村中唯一的私塾。再顺着台阶向上，进到第二进院落，由东西厢房和正房围合而成，正房和院落之间还有十几台阶的高差。院落布局非常简洁，碎石铺装的十字形步道将院落分成了四个小的空间；院中种植核桃树，院落空间显得非常开阔。

虽然吴登鳌家宅是村中最"奢华"的一座宅院，但从外表来看与村中其他宅院并无明显的差别，因为整个村落从围墙到房屋都采用了同一种材料——石头营造。吴登鳌宅院无论从材料、形制来看，都非常简陋。以正房为例，结构形式采用的是一种类似穿斗式的结构，仅依靠中心的一排柱子支撑整个屋顶，屋架两侧立在了两侧的墙体上，正房低矮，内部装饰简陋。

吴登鳌宅是豫西南山区和浅山区村落宅院典型的代表。

石碑镌刻的古村记忆

石头村共有两处坟园，村东老坟园位于斜坡上，有五通碑，或立或倒，散落在一片杂树丛中；村西石人山南还有个小坟园，坐落在几间石头房之间，两处坟园加上散落村中的碑碣，有十三通，其中清代八通，民国五通。

吴垭的村史，主要靠这些碑刻记录下来。

清代墓碑

在村东老坟园中，最西边的一通碑是石头村开创者吴迪元的墓碑。这通碑方首，高1.54米，宽0.53米，碑面无任何装饰。碑文为：

公讳迪元，祖居堰坡，乾隆八年，迁居于兹。迁时并无地亩，尽属荒山，而公独虑及于远，不避艰险焉。厥后始开荒成熟，筑石为田，渐成村落。迄今数十余口，而衣食尚赖以不缺者，皆公一迁之力，有以致之也。

立碑者是吴迪元四世孙共三门六人，立碑时间是清咸丰二年（1852）。这通碑显然并非吴迪元死后所立，而是多年后，吴迪元后裔"慎终追远"所立。

吴迪元生子名吴复周，吴复周生子克振、克明、克顺。2008年4月，吴克明、吴克振的断碑先后被找到，并进行拼接，拼接后基本呈现原貌。

吴登鳌是吴克顺长子，他的墓碑无疑是老坟园中最具故事性的一通，他无子，收侄子为继子。石碑正文为：

　　公讳登鳌，乃讳克顺公之子，讳复周公之孙，讳迪远公之曾孙也。生平恶纷华，厌靡丽，息事济人，无往而不得其当焉。至于身居衙署，谨慎公事，县主从无生其厌者。[1]

　　据石头村人讲，吴登鳌是个穷秀才，父辈给他取这个名是想让他科举入仕，登上鳌头。但他连考不第，最后经人举荐到县衙谋了个胥吏差事。他廉洁奉公，与胥吏衙役同流不合污，家中清贫，到县衙供事后仍住在石头房里。

　　在中国古代，胥吏是官吏联称，官掌印发命令，吏执笔作文书，国家一般政务大多要经过胥吏的操作才具体而微，化为有形的书面指令发往全国各地，传达到社会各方面，实现朝廷的统治功能。吏是操办具体事务的人员，从地位上看，吏也属于"官役"，是一种下贱的人，当时的职官往往"视吏卒如奴仆"。正因如此，很少有人把自己祖宗做胥吏之事拿出来宣扬。吴登鳌后人不讳言此事，显系吴登鳌为吏时名声很好。

　　吴登鳌三弟吴及鳌，其墓碑文显示，他在原配死后续了弦，夫妻和睦，他"孝顺父母，家以勤治，田以勤耕，睦乡和邻，非他人所能及也"。

　　吴及鳌的大儿子吴修身生活也较为艰难，他的墓碑碑文大意是，母亲生他时死了，他父亲号啕大哭，担心没娘孩儿难成人。好在"皇天佑公，无灾无难，依然成人"，还生了四子一女，人丁兴旺，晚年幸福。

　　吴登鳌堂弟吴步鳌之子吴三重的碑文，堪称全村最悲凉的一

---

[1] 盛夏.走进宛西原生态古村落——内乡吴垭石头村系列之二.大河报，2009.

通。吴三重和儿子吴应兆，活脱一出"苦情戏"。吴应兆生下来不到50天母亲过世，没人喂养，他被送到一户姓程人家吃奶，六七岁才回到自己家。所幸吴三重继娶的张氏对吴应兆百般疼爱，唯恐他受屈。但没多久吴三重又病重过世，继母张氏把吴三重葬在祖茔里。吴应兆长大后娶妻王氏，王氏又早逝。吴应兆带着继母一起生活，感叹"家贫母老，少吃没穿，苦中又苦矣"。这通碑，折射出石头村的百姓在石头上生存时日艰辛。

民国石碑

坟园中最华丽的一通石碑是"贾老孺人之墓碑"，立于1935年秋天。碑为古代楼门式样，有碑座和碑帽，碑文配有对联：

↓ 村东墓地

春祀秋□馨香远，木本水源泽流长。

石碑左右壁还有附诗，右壁附诗：

佳成瘗玉几何时，百度春秋启后思。

白蝶纷飞霜露冷，岘山未老膑泪碑。

全诗大意为，先人已逝，生平所为启迪后人；在这个秋深霜寒季节，特立碑，使之不会湮没无闻。

左壁附诗为：

捍卫桑梓几位春，玉垒汤池表伊人。

日落鸟啼想召杜，青山绿水照精神。

诗中所用典故"召杜"，指西汉召信臣和东汉杜诗，他们都曾为南阳太守，皆有善政，南阳人称其"前有召父后有杜母"。"召杜"后来变成了颂扬地方官的套话。

与附诗相比，"贾老孺人之墓碑"碑文还是很好理解的，讲的是贾老夫人是吴俊章原配，出身名门，娴静温柔，嫁过来之后，"爱劳并至，有古贤母之风"。她生了三个儿子，教导他们耕读传家；对三个女儿，培养她们有美好品行。[1]

另一通民国碑，是吴步鳌之孙吴应祥之碑，碑文极简单：

生前未详，仅知享寿四十有六，而据终矣。葬于祖茔。孺人马氏，另葬山前。生则同室，死不得同穴，以是为憾事。

这通碑立于1940年，是石头村坟园中最新的一通。

无论是清代碑还是民国碑，每通墓碑上，都交代前后数代的延续情况，与家谱对照，丝丝入扣，堪称一部写在石头上的村史。

---

① 盛夏. 走进宛西原生态古村落——内乡吴垭石头村系列之二. 大河报，2009.

↑ 墓碑

中国民间
文化遗产
抢救工程
THE PROJECT TO CHINESE
FOLK CULTURAL HERITAGES

SOS

　　吴垭村位于内乡县南部浅山区域两山相连的"马鞍处"。村落三面环山，东临杏山，西依瓦窑山，村民称吴垭村北边山为后山。村落所处的位置群山环抱，植被茂密，背山面岭（山为后山，岭为老虎岭）。吴垭村冬暖夏凉，吴垭的"垭"，指的就是两山之间的高地，冬天凛冽的北风会被前后的大山挡住，夏天却因地处高山、植被茂密十分荫凉。夏天从老虎岭上往下看，村落中草木丛生，遮天蔽日，这个美丽的石头村与山林合为一体，吴垭的四季是一片山乡秀美的田园景色。

↓ 吴垭后山

秀美山乡

峻峰奇石

经考证，吴垭聚落所在地域在远古时为河或海，由于喜马拉雅造山运动的影响，使这里沧海变陆地。经过亿万年自然界的塑造，形成了丰富的沉积岩、变质岩、岩浆岩、玄武岩、白云岩、高岭土以及富含五氧化二钒、金属镁等的土壤。

吴垭周边的山，就像一个偌大的地质博物馆，由火山岩和海水相浸形成的奇石，为人们探究大自然的奥秘增添了乐趣。

火山蛋石

↑ 火山蛋石

随处可见的火山石，圆圆的，光溜溜的，大的有脸盆大，小的仅有拳头大小，有的零星散落，有的呈蜂窝状分布，如果有机会砸烂或摔碎一个火山石，你还会清晰地看到像蛋壳、蛋清、蛋黄和蛋核一样的结构，这是火山喷发时火山石凝固而成。

↓ 老虎岭

糠包石

"糠包"，是当地方言，形容一种东西像谷糠包一样轻飘，不坚固。山上有一种石头，看上去明明是一块土黄色的状如马蜂窝的岩石，但很轻，用手能把它轻轻地举起来，像举糠包一样。糠包石，是火山喷发的浓厚泡沫遇上泥土或各种植物茎叶与之融为一体凝固下来而形成的。有的糠包石放在水面上不会下沉，因此又叫浮石。如果你把它当盆景，在它的下面浇上水，上面种上小花草或插上小树枝，植物仍然能生长，因此又叫上水石或生长石。

↑ 糠包石

洞眼石

↑ 洞眼石

在吴垭村落里有很多拴牛、拴猪用的带有洞和眼的奇石，大多数人会以为那是大自然风化的结果，但这些洞眼并不是风化所致，这些石头原本在海底，洞眼是经过海水浸蚀才逐步形成的，按科学的叫法是"海相浸石岩"。

板岩

本地岩石既有大而厚的块石，也有小而薄的片石，吴垭人将其切割成不同的形状和规格，用来垒砌墙体，铺设地面、台阶、水利设施和制作各种生活器具等。板岩的体量十分巨大，当地群众都说是连山石，它像人们通常所吃的千层饼一样，四指厚的青石板加一层一二指厚的红石板，很是漂亮，很难数清它究竟有多少层，这种板岩的学名叫"海相沉积岩"。很久以前，这里每天都有大量的淤泥或红砂淤积沉淀，经过地壳运动，这些淤泥和红砂都演变成岩石，淤泥变成的青石板比较坚硬，而红砂演变的红石板比较脆弱。人们用钢钎子从较为酥松的红石板处下手，把一块块大石分解成一片片的板材，盖起了这奇异的石头房。

↓ 板岩铺路

秀林灵树

吴垭村周围山岭植被丰富，茂林修竹，灌木丛生。

吴垭村内有多棵百年古树，这些古树大都被村民奉若神灵，不得折枝砍伐。其中有五百年黄楝树一棵，三百年三叉古柏树一棵，两百年金桂树一棵，两百年冬青树两棵，两百年皂树两棵，一百年青桐树两棵，百年柿树多棵。

↑ 内乡天然林保护区

↓ 山石

黄棟树

冬青树

寨墙

古柏树

　　吴垭村地处我国南北气候交汇地带，属北亚热带大陆性
季风气候，四季分明，兼具南北作物种植的优势。全年无霜期
220 天左右，适宜于农作物的生长。吴垭村民以种植粮食作物
为主，有小麦、红薯、玉米、谷子，其中小麦是最主要的作物
之一，果蔬以柿子和辣椒为主，还有黄姜、芝麻等经济作物。

↓ 挡窝子地

第三章

农耕文化

风干的红椒

种植的黄姜

油菜花田

菜园

大蒜辫

晾晒玉米的农家院落

石砌梯田

  站在吴垭石头村的西部边缘向西远远望去，错落有序的梯田犹如巨大的灰色象棋盘，因此吴垭人称此山为棋盘山。吴垭石头村梯田中灰色的是梯田边缘垒砌的石头和梯田中无法移动的石头，红红的是田地中黄棕壤土的颜色。

  走进棋盘山梯田，就会感受到吴垭人的聪慧、勤劳、勇敢，就会感受到吴垭人战天斗地、征服自然的石头般的坚强意志。

  吴垭的梯田是用石头一小块一小块堰砌起来的，在聚落周边

↓ 梯田

的山间形成片片鱼鳞状，当地人叫挡窝子地。如同百衲衣般的梯田，将吴垭人生存的艰辛表露无遗。吴垭村老干部吴云风对这里的梯田有这样的说法："吴垭人祖上来此，生存第一要事是开荒种田。在坡上有土之处造梯田，在大沟修石挡，有效地控制了水土流失。积土为坪，每块小地坪修一条阴渠排水，石挡根再修个蓄水池，雨天多余的水，渗到阴渠往下流入池内，池满则溢出，排到低处，使挡窝子地夏秋两季旱涝保收。"由此可知，吴垭人为了生存，对赖以生存的自然环境、水土资源作了最充分的利用。

↑ 石挡

造梯田的成效显著，抗战时期的吴垭，只有 22 户人家 90 口人，但有可耕地 210 亩，土地肥沃，大多是挡窝子地，大部分种小麦，其余的种豌豆、棉花、红薯等，五谷杂粮俱全。

吴垭人将田中能够挪移的石块放在梯田的边缘防止水土流失，不能够搬移的石头顺其自然留在田地里，在石头间隙的土壤里种植耕作，丰衣足食。

站在棋盘山上，会给人一种回归自然、远离尘嚣、淡泊宁静的感受。

四季耕作

　　春耕，夏忙，秋收，冬藏，是中原地区农业生产的特点和规律，吴垭人也如此，一年四季不违农时，辛勤劳作。

　　这里种植的小麦是冬小麦。小麦属于细粮，当地农民极其重视。

　　种植小麦是一件颇为艰巨的工作，每年大约从农历十月即要开始播种，在此之前要提前用犁地的工具将土地翻耕一遍，犁地是人、畜（牛、马、骡、驴）、犁相结合的耕作方式。"不误农时"历来是农民所重视并遵循的，"春争日，夏争时，庄稼宜早不宜迟"。

↓ 耕作归来

土地翻耕数天后，方可播种。播种工作需要多人共同完成。吴垭大块田地用耧播，小块田地要撒播。撒播是山区、丘陵常见的播种方式。撒播的技巧在于眼、手和步伐的协调，其操作方法为：双肩抱拢，步调匀称，左手托种，右手撒播，下臂要轻摆，靠手腕活动播撒，播出的种子出苗均匀齐整"不漏汤"。播完种后，就要进行漫长

↑ 整理农田

的等待期，因为当地气候寒冷，小麦发芽后就进入休眠状态。俗话说，"瑞雪兆丰年"，这时村民就会祈盼多下几场雪，以保证来年丰收，谚曰"麦盖三场被，头枕蒸馍睡"。到了开春，气温渐升，天气回暖，小麦继续生长，并且天气愈暖，小麦长势愈好。在小麦加速生长到成熟的这几个月里，村民们也不能掉以轻心，对农作物的间苗定苗、中耕除草、抗旱防涝、灭虫除害等田间管理非常重视，还要进行追肥，以确保小麦生长顺利。就这样要一直忙碌到夏天，小麦才最终成熟收割。

夏季是农民最忙的季节。冬小麦要在夏季收割，秋作物如谷物玉米、豆子、红薯要在夏季种上。季节不等人，山区农民靠天吃饭，抢收抢种，不误农时，吴垭人就是这样祖祖辈辈、年复一年地劳作着。

至于粮食加工，村里有公用碾坊和磨坊。现在的石头村里，大多数宅院内或院外，仍然保留着一盘石磨，只是已生满青苔、爬满葛藤。

牛梭头

桑杈

耕作农具

整理麦秸

小麦脱粒

晾晒小麦

农副特产

↑ 售卖农产品

吴垭村山场面积大，适合养蚕和酸枣树、柿子树、荆条生长。从春天到秋天漫山遍野的野花和菜花，适合养蜂采蜜。靠山吃山，勤劳质朴的吴垭人利用本地物产，加工制成食品与制品，比如蜂蜜、黄酒等，这些食品和制品除自用外，还拿到集市上销售，贴补家用。

采摘

吴垭村的果树也是满山遍野，有很多野生的山楂树、酸枣树、

↓ 葛花

软枣树。一些像山杏树、毛桃树这种果实口感较差的野果树，吴垴村民将其嫁接，也可以变为好品种。红枣树由酸枣树嫁接而来，每家都有两三棵，大家习惯将红枣树种在院子里，每年腊八喂枣树吃饺子，希望第二年多结果。村中多柿子树，柿子营养丰富，含有大量胡萝卜素、维生素C、葡萄糖、果糖及钙、磷、铁等矿物质，享有"果中圣品"之美称。柿子还具有较高的药用价值，具有清热润肺、止渴等功效。另外，柿子可加工成柿饼、柿漆、柿霜等。柿漆由未成熟的色青味涩的柿子加工而成，可治疗高血压；柿霜为柿饼外表的白色粉霜，具有清热、润燥、化痰的功能。

石头村人还有一项重要收入，来自油桐树、漆树、构树，几乎家家都上山采集，加工销售。

↑ 黄牛

饲养

家畜牛羊 耕牛是农耕地区不可缺少的役力，是从事农耕的主要"生产力"；山羊也是吴垴村民主要饲养的家畜。

养蜂 野生蜂蜜，俗称"野蜜"，是野生蜜蜂生产，人工采集的蜂蜜。由于野蜂的蜂巢形状不规则，吴垴村民没有使用摇蜜机等分离工具让高浓度的野生蜂蜜分离，而是采用压榨法，将整块蜂巢压榨，榨出蜂蜜。在压榨过程中，会有少量的蜂

↑ 山羊

蜡亦被榨出，最后见到的野生蜂蜜均含少量蜂蜡，蜂蜜呈半固体或固体状。

养蚕 吴垭村民还利用满山野生桑树饲养家蚕。每年春天，农户孵化蚕种，喂到蚕结茧成熟后摘下，出售蚕茧。随着产量增加，村里人还自己抽丝，这样利润更大一些。

除了桑蚕，村民还养柞蚕。每年秋后，村里人把地上落的柞树籽收集起来，冬春播种到山坡上。年复一年，柞树成片，每两年砍伐一次，砍下的树当柴，树桩当年所发嫩枝嫩叶用来育养柞蚕，这就是野蚕。春季温度适宜时，柞蚕卵子孵化出来，长成幼虫，被移送到山坡柞树发出的新芽上。

↑ 蜂箱

↑ 蜂蜜

加工

黄酒 吴垭产小米，小米黄酒是吴垭特产。

吴垭小米黄酒是用大曲酿造，色泽金黄，味道香甜。吴垭村一带酿造黄酒的历史悠久，吴垭黄酒以本地优质红小米、小麦为主要原料，经蒸煮、加曲、糖化、发酵、压榨、过滤、贮存等酿造工艺加工而成，其操作过程全部以传统的手工艺为主，特别是

↑ 在街上售卖的黄酒

浸米、糖化发酵都在瓦缸中进行。每年的 9 月至 11 月为最佳酿造时间，此时生产的黄酒称为冬酿；2 月至 4 月为第二个生产时期，该段时间生产的黄酒称为春酿。

粉条 吴垭山地红薯是制作粉条的上等原料。手工粉条要等天气上冻才可以制作，就是说滴水成冰、天寒地冻时才是做粉条的好时机。传统工艺手工制作的粉条虽然不是那么好看，粗细不是那么均匀，但是口感爽滑、细腻、劲道。

其制作流程为：

（1）选薯。选表面光滑，无黑斑无青头，大小适中的红薯。

（2）清洗。将选好的红薯装入箩筐放入水中，把泥土、杂质洗掉，并把红薯两头削掉。

（3）粉碎。将红薯放入木槽内切成小碎块，用石磨磨成浆。

（4）过滤。用吊浆布过滤去渣，将过滤液倒入小池或大缸内沉淀。

（5）暴晒。澄清后排水，取出表层油粉后，把下层淀粉取出，吊成粉砣，放在晒场上暴晒；当粉砣内水分蒸发一半时，把粉砣切成若干份儿暴晒。

（6）打糊。将淀粉加适量明矾，掺水打成糊状。

（7）漏丝。预备一锅开水，当锅内水沸腾时才漏丝，丝条沉入锅底再浮出水面时，即可出锅；经过一个冷水缸降温，用手理成束穿到木棒上，再经过另一次冷水缸降温，不断摆动，直至粉丝松散为止；然后放在室内，冷透后拿出室外晒丝。

（8）晒丝。将粉丝拿到背风向阳处，晒干后包装即成品。

中国民间
文化遗产
抢救工程

THE PROJECT TO CHINESE
FOLK CULTURAL HERITAGES

　　相对封闭的自然地理环境，造就了吴垭人自给自足、自
强乐观的人生理念，形成了勤劳善良、勤俭持家的性格特征。
吴垭人的日常生活、人生仪礼、民俗信仰、娱乐活动等方面都
展示了豫西南山区人民古朴的风土人情。

↓ 县长扶犁（王晓杰 提供）

第四章
古朴民风

日常生活

日常生活中，衣、食、住、行是人们赖以生存的四大要素。吴垭山区地瘠民贫，遵循"吃喝穿戴量家当"的俗规。在中华人民共和国成立以前，宛西老百姓在衣食住行上有四怪："吃饭端门外，睡觉两头拽，裤子没裤袋，地（音 dià）跑（步行）比车快。"[1]

民间医药

中华人民共和国成立前，被生活所困的吴垭村民看病难，平时的小病都会选用一些民间土方进行治疗。

↑ 柿子蒂

柿子蒂　它在中药材中的名称是柿蒂，又叫做柿钱、柿丁、柿子把，是柿子宿萼干燥后的产物。

柿蒂可用于治疗呃逆，也就是我们常说的打嗝，可单独食用，也可将柿蒂、丁香、人参磨成粉，用水煎过后服用；如果较严重，打嗝不止时，将柿蒂磨成粉用黄酒和着服用，或者用姜汁、砂糖和匀，炖热慢慢服用。柿蒂还可用于治疗伤寒呕吐、咳逆、血淋、百日咳等疾病，可以说是一种价格便宜、吴垭村民容易获取又实用的中药材。

①孙国文.内乡民俗志.郑州：中州古籍出版社，1993：50.

瓜蒌 瓜蒌即栝楼，根（中药名天花粉）、果（中药名栝楼实）、果皮（中药名栝楼皮）、种子（中药名栝楼仁），都供药用，有解热止渴、利尿、镇咳祛痰等作用。瓜蒌种子含脂花肪油；果实含三萜皂苷、有机酸、树脂、糖类、色素；根含蛋白质、皂苷、酸类。其功能润肺，化痰，散结，润肠；治痰热咳嗽，胸痹，结胸，肺痿咯血，消渴，黄疸，便秘，痈肿初起。

↑ 瓜蒌

癞蛤蟆皮 癞蛤蟆又称蟾蜍，这是许多人看到了都害怕的一种两栖动物。癞蛤蟆虽然和青蛙看起来差不多，但是癞蛤蟆的身上会有许多凸起的点点。癞蛤蟆的外表看起来虽然非常丑，但是在吴垭村民的眼中，可是非常好的药材。

↑ 癞蛤蟆皮

（1）蟾蜍皮能抗癌。蟾蜍皮是一种抗癌功效特别出色的中药材，它对人类的食道癌、胃癌和肠癌等多种癌症都有很好的治疗作用，蟾蜍皮进入人体以后可以抑制癌细胞的再生，对接受化疗的病人，还有提高免疫力和减轻痛苦的作用。

（2）蟾蜍皮能抗肝炎。蟾蜍皮还是一种治疗肝炎的良药，特别是对人类的乙肝治疗效果明显，它能抑制乙肝病毒对人类肝脏的伤害，能固定扶本，在与一些中药材搭配使用时，可以有效治疗乙肝和肝腹水。

（3）蟾蜍皮能治气管炎。蟾蜍皮对人类的气管炎也有很好的治疗作用，在治疗时可以把完整的蟾蜍皮烤干，再研制成末，加入蜂蜜制成药丸或者装入胶囊服用，每次用量为一克，每天服用两次，连用十天为一个疗程，一个疗程结束以后需要停药五到六天，再开始下一个疗程的用药。

刺猬皮　（1）用于治疗胃脘疼痛。有行气止痛的功效，故可用于肝胃不和所致的胃脘疼痛。可单用本品一味，焙干，研末，每次吞服一钱，每天一至二次；也可配合白术、白芍、香附、香橼皮等同用。（2）用于治疗痔疮便血，脱肛等症。刺猬皮能化瘀止血，治痔疾有专长，用于治疗痔疮便血，常与槐花、地榆等同用；如用于治疗脱肛，可与补气药黄芪等同用。（3）用于遗精、遗尿等症的治疗。有固精缩尿的功效，用于遗精、遗尿，常与固肾涩精药如益智仁、牡蛎、芡实等品配伍。（4）用于治疗胃痛，呕吐。本品能化瘀止痛。治胃痛日久，气血瘀滞兼呕吐者，可单用焙干研末黄酒送服；或与延胡索、香附等药同用。（5）化瘀止痛，收敛止血。

↑ 刺猬皮

饮食

民以食为天，餐饮是人们的头等大事。吴垭谷物种类众多，蔬菜、瓜果较齐全。一般年景日常饮食，或细米白面，或粗粮细吃，或饭菜搭配，视家境贫富和节令而自行调节。民间饮食，通常是"一日三餐"，但在冬季，昼短夜长且活儿闲，农村一般则吃两顿饭。谣云："早早睡，晚晚起，哪天不省半碗米。"平时三餐吃饭时间以"日头偏，日头端"为准。山区人们饭时一般要比平原晚一个小时，主要是山区日照时间短，活重，牲畜多，晚饭常常是"更把二更半，山里吃晚饭"。

早饭 俗称"饭时饭"，以红薯玉米糁稀饭最为普遍，少炒菜，以凉拌萝卜丝、咸菜、酸菜当"就吃"的为多。忙时有馍，多为红薯面窝窝、花卷（麦面卷薯面）、捞面馍（杂麸面）、菜包子等。

午饭 也称"晌午饭"，常以酸菜豆面条为主，就辣子、蒜水。面条锅里搅面芡最为常见，称"糊汤面"。一般情况午饭没馍；捞面（浇臊子）除节日外，平时少见。青菜季节多食用青菜，无

↓ 晌午饭

青菜则以干酸菜、酸菜为主。午饭多以稠米汤、糠饼为主，很少吃干饭。

晚饭　称"喝汤"。忙时有稀饭、馍；农闲季节，个别户还有不烧锅的。日常"就吃"有豆角、茄子、黄瓜、南瓜、白菜、萝卜、葱、蒜、辣子等。至于肉、蛋、油、豆腐、粉条等，除年节外，一般农户很少食用。

人们十分重视节日饮食。节日到来，各家各户都以改善生活（饮食）相庆，这不仅增添节日气氛，而且也显示出昔日艰难岁月中人们对美好生活的向往。民间认为，春节象征着"粮油丰收，畜禽兴旺"，是十分隆重的节日。各种食品备制充足，大多制成熟食，除家人食用外，还作为串亲访友的礼品或招待客人。节日食品有油食、蒸食等。做油食称"下锅"，在炸制的过程中，十分忌讳他人在油锅旁说闲话。油炸食品有油馍、菜角、豆腐、肉（素）丸子等。蒸食是节日的主要食品，如枣花馍、肉包、豆包、菜包、糖包、油卷等。水饺（俗称"偏食"），有荤有素，荤中以羊肉馅儿为佳，是各家各户逢年过节常用的食品。

吴垭民风淳朴，对人忠厚。对于一般常来客人，多以白开水相待，少见待以烟、茶、糖果者；家里如来尊贵客人，多以"荷包蛋茶"招待，根据家庭实际情况，用最好的饭菜招待，俗言"客来变饭，客走节俭"。①

①孙国文．内乡民俗志．郑州：中州古籍出版社，1993．

穿戴

从 20 世纪 70 年代后，人们的四季服饰日新月异，衣服"护体"的作用发生了变化，"一衣多季"被"一季多衣"取代，家制土布被美观的化纤、细布取代，并追求衣服的美观和舒服；过去只讲结实耐用，现在既讲款式的新颖，又注意色彩的搭配。

吴垭人生活十分简朴，他们对于衣食住行有一种经历过饥饿之后的知足与节俭。以前，衣服全部是依靠妇女手工纺线织布而成，这种手织的布被村民们称为"老布"。吴垭妇女不论老少，没有不会纺线织布的。纺车人手一架，妇女白天下地，夜里纺花、织布。大部分妇女不但能纺能织，还能剪能裁，无论男女穿的长衫短褂和棉靴、棉布袜都是妇女纯手工做的。只有草鞋，是男人们农闲或下雨天打的。

↑ 织布机

近年来，随着经济的发展，虽然村中很多家庭还保留着织布机，可实际上已没有人再穿自己织布做的衣服了。因此，村民的服装基本上来自市场，在集镇或县城购买。村里为数不多的老人仍然穿传统款式的服装。[1]中年人服装款式普通，甚至还有些陈旧，色彩也以暗色系为主，有些妇女偶尔穿深红色服装。年轻人则较新潮，走在村里，能看到穿牛仔或西装的男孩女孩，特别是那些在县城上学或是外出打工的人，在穿着上已经没有多少传统农民的气息了。

①当地的妇女都喜欢穿一种类似于围裙的外衣，便于做活。

↑ 生活场景

年轻女孩尤其喜欢鲜艳色彩的衣服，常见的有橙黄、翠绿、桃红等颜色。大部分女孩化妆，尽量模仿时髦的装扮，即使在秋冬时节，村里也能看见穿短裙和长靴的年轻女孩。不过，村民用在服装上的花销并不大，买来的衣服基本上是低廉的化纤合成材料做的，价钱都很便宜。

由于气候变化的原因，村民们要准备几套不同季节所穿的服装。一般夏季穿薄棉布的衣裤，春秋季穿厚的外衣和毛衣，冬季主要是棉服。每个村民都有一两套在正式场合穿的服装，平时他们在村里和家中劳动时穿的衣服是很普通的旧衣服，但是如果要去乡里赶集购物或是去邻村走亲戚，他们就会换上一身在正式场合穿的衣服。这些衣服与日常所穿的服装相比显得要讲究一些，款式比较时髦，颜色也略微鲜艳，而且妇女们还会脱下脚上的布鞋，换上一双平日几乎不穿的高跟皮鞋。

居住

吴垭村民受传统意识的影响，兴建宅房相当慎重，破土动工时，天时、地利、人和必占其一，认为房宅好坏，对于人、财及后辈兴衰关系重大。房子的高低尺寸，要照前顾后，一般要低于后，高于前，遵从"前低后高，子孙英豪"的子嗣观念。石墙垒砌中，前墙应比后墙低三分，大门出口要顺溜。修建房屋时，要择时；修建过程中，要有仪式。主人会在主檩上裹一红布或在立柱上贴对联，上联"堂开瑞气换春光"，下联"栋起祥云连北斗"，横批"吉星高照"。主人还要给帮忙建房的工人或乡亲红包（封子）。吴垭院落的正房和厢房互不相连，室内布置床不对门，来客夫妇不能在房宅同床。

↑ 建房对联

出行

吴垭村虽距离内乡县城不远，只有约6公里，但因在山区，位置偏僻，以前交通极其不便，吴垭人外出基本上是以步行为主。

吴垭人如果出门路途遥远或时间较长，除携带必带之物外，还要带点"家乡土"，以防到外地水土不服。

过去，运输货物是用手推车或牲畜拉车。现在村里有许多人家都买了机动三轮车和摩托车。

↑ 自行车

↑ 架子车

↑ 手扶拖拉机

过去因为交通不便，信件不容易寄达，较短距离的信息传递基本靠捎口信；20世纪50年代以后，随着邮电事业的发展，为人们远距离传递信息解决了大难题。现在大部分吴垭人都用上了手机。

婚嫁

男大当婚女大当嫁，自古人生大事。《内乡通考》载："婚，通媒妁，既允，男家备庚帖、钗、币、礼物，媒红同行，送至女家，谓之定亲。换庚帖，女家酌回礼物，并回笔墨纸书等件。近日好省事者，只一换庚，并不备礼，女之父母不索聘礼。男之父母也不计较妆奁。"可见，当时内乡一带婚礼行简约之良风。

中华人民共和国成立后，颁布了《婚姻法》，在确立婚姻制度和婚姻关系上进行了彻底变革，婚嫁礼俗也伴随着人们观念的变化而演化。吴垭村的婚姻礼俗既保留了部分传统习俗，又体现了现代文化的特色，其婚俗礼仪按时间顺序大致分为三个阶段，即婚前礼、婚日礼和婚后礼。

婚前礼

顾名思义，就是举行婚礼之日以前的礼仪规制，一般包括提亲、合婚、订婚、下聘、送好等五个部分。

提亲 俗称"说媒""提媒""说亲""说媳妇""说婆家"等。在村里通常由媒人担当此任，或者媒人自己主动说合，或者一方有意请媒人促成好事，或者双方皆有意，请个媒人走走过场。民间择偶，讲究门当户对。因而，媒人在说合时要充分权衡双方的家庭条件、家庭地位、相貌、长相、年龄等，以提高成功率。此外，还有些禁忌，诸如吴姓本村内不通婚等。

合婚 又称"合八字""合命""合年命"。古代民间以干支记录人出生的年、月、日、时，正好是八个字，俗称"八字"。"合八字"就是请算命先生看看两人的"八字"和属相是否犯冲，如果相犯，那婚事是万万行不通的。

订婚 如果双方门当户对，八字相合，便可择一良辰吉日，将婚事确定下来。一旦双方同意联姻，为慎重起见，便要书帖为证，并互相交换保存。因此，订婚又俗称"换帖"。帖子一定要用红色，但换帖的方式却种类繁多，一般由媒人写"允福"帖分送双方；双方同意后，再分别送给双方"允书"帖。也有双方家长跳过媒人直接互送帖子的。"允帖" 送妥后，男方准备"龙帖"，为烫金大红礼帖，印有金龙，上书一些客套话、双方三代家人的名讳、官职、年庚及媒人名姓，注明年、月、日；女方准备"凤帖"，上印彩凤，其余同"龙帖"。双方选择吉日，交换双帖，俗称"换龙凤帖"。换时，男方还要送给女方镯子一对、耳环一对、头饰一束、毛巾一条。随着经济条件的好转，现在男方送给女方的俗称"三金"，即金镯子、金耳环、金项链，此谓"定礼"。女方回送皮带、皮鞋等物。双方的联姻关系就算是确定了下来。订婚这天，男方还要设宴款待媒人和亲家，俗称"待媒人"。

婚日礼

婚日礼即婚礼，又称"完亲""搬亲""办（喜）事""娶媳妇""嫁闺女""打发闺女""闺女出门"等，包括添箱、送贺、暖房、下礼、抬嫁妆、迎娶、拜堂、入洞房、宴客、闹房、听房等。

添箱　是就女方家而言的。箱为女子出嫁盛装嫁妆之物。临近婚期，女方家的四邻亲朋置办礼品送来，礼品往往被充做嫁妆装入箱中，因而名"添箱"。送礼的人越多，表明主家的人缘越好，威信越高，婚事就越热闹。

送贺　是就男方家而言的。指男方的亲朋友邻置办礼品相送，庆贺男子娶妻的一种礼俗，又叫"送人情""行人情"等。送礼者的多少也直接标志着主家的人缘及社会地位。

暖房　俗称"压床"。婚礼前的晚上，男方家要组织人布置新房，尤其要铺好新床。铺床也很有讲究，床上的被褥要由儿女、夫妇、双亲都健在的"全活儿人"（又称"全福人"）缝制，孕妇和寡妇严禁参与。还要边铺边唱"铺床歌"，并向看热闹的众人散发花生、糖果等。在吴垭山区，婚前夜里，新郎家还要择请新郎年幼的弟弟或侄子陪伴他睡在新床上，俗称"压床"。如果当晚小孩子在床上洒上一泡尿则更好，因为这预示着新郎、新娘很快会生个男孩。

抬嫁妆　新娘子的陪嫁内容不一，一般为家具、被褥、衣物、妆奁、居家细物等。陪嫁有多有少，依经济条件而异，嫁妆中有脸盆（莲盆），有莲花、莲蓬、莲藕的图案剪纸放在洗脸盆内，寓意为连（莲）生贵子，祈祝多子之意。嫁妆准备好后，在婚日前一天或当天由新郎家来人抬走，或由女方家派人抬送至男方家，称"抬嫁妆"，又叫"送嫁妆""娶嫁妆""搬嫁妆""过嫁妆"等。

迎娶　俗称"接亲"或"办喜事"。旧时，由男方备花轿一顶，锦旗四面，红灯一对，大锣两面，食盒全副，浑猪一条(猪头、腿、尾)，黄酒一坛，还有一方连刀五斤肉，俗称"离娘礼"，是专以报答母亲养育恩情的，现在村民还加奉"离娘钱"。另备礼品若干，分送给女方亲门近支父辈，名曰"吃礼"。花轿起程，由大招带领，逢村、庙、桥、河，例行粘贴红喜签，鸣放三眼鞭炮，有的空轿内坐"压轿娃"，女方设便宴招待迎亲一行。新娘上轿时由两个生辰八字同新娘相生、儿女双全的婶娘或嫂子搀扶，新娘则哭哭啼啼，大有难割难舍爹娘之意。民间有"新娘上轿哭是笑，秀才落第笑是哭"的谚语。

送客　旧时村内女子结婚，需要由该女子的爷辈、父辈、同辈相送，称"送客"。相传明万历年间，内乡赤眉的公子黄文秀与李官桥的小姐李秀英成婚。由于两地相距一百多里，山路崎岖，路途遥远，黄文秀和轿夫在接亲途中跑到河里洗澡解暑，而李秀英到较远处的玉米地里方便。待她回来，花轿已不知去向。恰好这时从南边来了个盐商，答应顺路把她送到夫家，不料盐商却把她骗到山西卖给一个员外为妾，李秀英终日以泪洗面。再说黄文秀四处流浪，一晃六年，最后到山西给一家员外打短工。遇到员外小妾正是当年的李秀英。当天夜里，两人就潜逃回了故里。[①]此后，内乡各地包括吴垭村女子出嫁，都要有娘家三辈人相送，以防不测。这个传说

① 吴慧敏. 豫西山地传统聚落及建筑地域适应性研究——以河南省内乡县吴垭石头村为例. 郑州大学. 2013.

也反映出内乡地处秦岭东南，伏牛山系绵亘境内，山深岭险，老百姓日子不太平的社会背景。嫁妆由车拉、人抬、手提，随行。沿路吹打，一如来时，热闹非常。抬轿者路途可歇肩换人，但有"歇双不歇单"（不能只换一人）的规矩。清寒之家，虽不铺张，但也准备花轿，以避讳日后夫妻生气时揭短"是跑来不是抬来的"。另外也要抬食盒，备猪头，但不雇响器，谓之"哑巴轿"，也有以篷帐车代替花轿的，民谚称"嫁娶不可斗奢华，喜气不逊豪门家"。

拜堂　旧时，新人跨过"马鞍"（俗称"骑鞍"，寓意为避危就安）进入正堂，就可以拜堂了。当今简便些，新人往往直接到正堂拜堂。拜堂新人到达院中举行"拜堂"仪式。在正屋门前摆放有天地桌，天地桌上放的东西很有讲究，一般是装满粮食的斗尺子、镜子、秤、钱 灯、香等。拜过天地、高堂，夫妻对拜后向众亲友实礼拜谢。然后送新人入洞房，新郎回避，请新娘更衣，此时就有孩童前来抢新娘的鞋子，因为里面有"压脚钱"，据说得到这些钱或者鞋子便可以得到福气。接下来要为新娘整理头饰，重新梳妆，即"上头"。上头毕，新郎的亲戚端来一盆清水请新娘洗脸。洗毕，会有人端来"子孙汤"请新娘食用，同时新娘都回礼封"封子"。

宴客　新人入洞房的同时，院子里在大摆宴席，宴请宾客。婚宴一般不露天进行，要想方设法遮挡起来，且一般男、女来宾不同席。婚宴的贵客是新娘的爷、伯、叔等，以他们的席位最尊。女送客在女眷的席次中也位列最尊。宴席酒菜，都有冷有热，有荤有素，有汤有饭，七碟子八大碗，力求丰盛。

闹洞房　"闹"的对象主要是新娘，具体方法种类繁多，有雅有俗，但只有一个原则，无论被宾客如何戏弄，新娘都不许恼。吴垭民间有"三天不论大小，嬉闹洞房"之习，戏闹者多系嫂子、弟媳、表兄弟、姐夫、同学、朋友等。民间信奉"越闹越发"，新婚没人闹房，就代表人缘不好，因而更加助长了闹房之风。

听房 送走了闹房的人，小两口还不得安宁，又迎来了听房的人，还有闹房者于新房窗外听"悄悄话"，民谚有"新婚不说悄悄话，生个儿子是哑巴"的说法。

婚后礼

婚后礼指的是举行婚礼之后的一段日子里的礼仪规范，有瞧亲、"三天试刀"、开拜、回门等。[1]

回门 新娘出嫁后第一次回娘家，因为多在婚后的第三天，民间又称为"三天回门"。旧时三天回门为常礼，今时新婚第二天回门者居多。届时，新娘娘家来人（弟弟或侄子）携带礼物到男方接姑爷姑娘第一次回娘门探亲。新郎、新娘备置礼物，由"折酒缸"（会喝酒的，其主要任务是替新郎喝酒）陪同，赴岳父家。岳父设宴邀陪客招待"新客"。菜肴上席，岳父家要赠新郎以"红封子"，叫"开口钱"，受礼后，开始动筷，而新郎也备有若干封子，分赠厨师、筛酒、端盘和打杂的。此外，还有闹"新客"之举，多是亲邻嫂辈、侄子向新客兜里掏钱，俗称"掏喜钱"，有"姑父钱，侄子花，越花家越发"的歌谣。酒过三巡，岳父要为女婿敬酒。席散，略备茶点，新郎由亲朋陪同，后堂拜见岳母，一番客套话后，新郎、新娘同路回家，娘家除留下应受的礼物，还回封一些豇豆、绿豆等物，寄寓"长秧蔓蔓，瓜爬绵延"之意。

[1] 孟宪明主编. 中原文化大典·民俗典·民间生活. 郑州：中原传媒出版集团，中州古籍出版社，2008.

随着社会发展，村内的婚俗更加接近城市，在村内举行的婚礼越来越少。吴垭现在的年轻人结婚会选择到县城影楼拍摄婚纱照，请专门的婚庆公司负责婚礼流程，在县城的饭店举办喜宴，并奉行勤俭节约的原则。

丧葬

民间丧俗烦琐，视家事贫富而俭奢不同。人死忌说"死"，婴儿死亡谓"丢"啦，"扔"了；中青年死亡谓"凶事"；老年死亡谓之"老了""不在了"。葬礼，民间称为"办白事"。重殓厚葬之风历来为民间所不取，谓之"活着不孝，死了胡闹"。亡者殡埋后，时断时续还要举行一些悼念仪礼。

捂火 殡埋的当天傍晚，孝子孝女齐到亡者墓前点燃三堆麦糠火，供上油烙饼，其意义在于"新家难安"，使亡者以火为伴，飨食供品，以驱饥寒。如是连续三晚。

卸孝 如是母亲亡故，孝男孝女均于殡葬后第二天到外祖母家坟上烧纸，借以表达母亲谢世，以后很少有机会往来了。去烧纸的人越多寓意人口越旺。民间俗称此举为"烧断路纸"。

圆坟 殡后第三天，孝男孝女齐到亡者坟前添土，曰"圆坟"，随带油旋馍、饺子等食品。祭奠哀悼后，孝眷即于坟前和围观者分食供品，意在死者新家落成，吃穿有余，且能周济乡邻。

五七 殡后每七天孝眷上坟为亡者祭奠一次，直至"五七"，举行一次较为隆重的祭奠，届时，出闺的女儿也必须回来同祭。传说"五七"为五殿阎君审判日。五殿阎君性暴烈，但喜食鸡肉、鸡蛋，孝子以此飨祭五殿阎君，祈其减免亡者之罪。

　　百日　亡者逝世三月有余，亲属每一思之，不胜缱绻，择于"百日"坟前致哀，远亲近眷也于此时致祭，当日返回。

　　周年　周年祭奠，除儿女、姻亲与之同祭外，挚朋好友亦有馈礼致祭者，主家设宴招待。

　　三周年　旧时，父母离世后，儿女沿制服丧三年，在此期间，儿女头勒白巾，脚穿白鞋；不许参与和观赏娱乐活动；农历十月初一不许炸油馍；春节门前不许贴红对联（分别以蓝、绿、黄纸代替）；有的结庐墓前居住三年。三周年时，儿女循礼举行隆重祭奠。三周年后，儿女去孝巾、孝鞋，恢复正常衣着，服孝期满。随着时间的推移，儿女戴孝，也不一定三年，各遂心愿罢了。

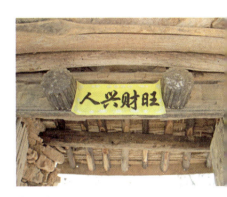

↑ 黄色对联

生育

　　"在农村中，结成婚姻的主要目的，是为了保证传宗接代……传宗接代的重要性往往用宗教和伦理的词汇表达出来。"[1]1936年，费孝通在调查中国农民的生活时曾经做过如此总结。然而这个总结在今天的吴垭村依然适用。

　　和中国大部分地方的农民一样，吴垭村的村民把婚姻和生育看作人生的头等大事，而且，由于吴垭村所在的位置偏僻，相对闭塞，人们在婚育问题上至今还保留着相当传统的观念。

①费孝通．江村经济．北京：商务印书馆，2001：44．

对吴垭人而言，结婚就是为了能够延续后代，让自己家的香火传递下去，正所谓"不孝有三，无后为大"，并且他们尤其看重男孩，反复强调传宗接代的重要性。因此，村子里几乎每家都有男孩，生不了男孩的家庭就会被认为是无后，千方百计也要通过收养、过继或是招上门女婿的方式来延续香火，以表明后继有人。

↑ 奶奶陪伴孙子嬉戏

旧时，生男为"大喜"，生女为"小喜"。婴儿出生后三天，要到婴儿外婆家报喜，生男孩给外婆带一块肉，生女孩带一竹篮，内装两包糖；外婆接到上述礼物，便知婴儿是男是女。待七天后，给闺女送米面，又叫送"月礼"。民间选择七日后送月礼，主要是避"脐风"。届时，产妇的娘婶、姑嫂、妗姨等，带着"月礼"，登门庆喜。一般月礼为三尺红布、小米、大米、白面、鸡蛋、红糖，而婴儿外婆除上述月礼外，还配有小儿衣服、庆饼、挂面等，谚有"米面两筐，儿女安康"。

小孩出生三天，便由长辈起名，即为"大名"，比较庄重文雅；以后父母为了叫着顺口，表示亲昵，又起个"小名"，比较粗俗。大名、小名都具有时代特点，表达了长辈对晚辈的祝福与期望。旧时男孩的大名多与"福""禄""寿"有关，女孩名多与"花""木""鸟""石"有关。多女无男之家，为祈求早得贵子，多给第二、第三个女孩起名"改""换""转""变"等。

民间信仰

　　民间对大自然既依赖又畏惧。认为自然现象既能赐福，又能带祸。人们为了祈福消灾，便对自然事物和自然力加以神化而顶礼膜拜。

　　至今，吴垭村依然保留着一些民间的原始信仰，如天地崇拜、气象崇拜、动物崇拜和植物崇拜。认为"万物有灵"，只有虔诚信奉，才能得到神灵的庇佑和祖先的阴助，从而身家平安、槽头兴旺、五谷丰登。

↑ 供佛案

　　吴垭是农耕文明小农自然经济时期形成的单姓氏宗族聚落，由血缘及姻亲构成的血缘及地缘群体使聚落的社会环境相对稳定，家族宗法及道德约束性较强。吴垭人和中国大部分农民一样，属于多神信仰[①]，他们并不专门信奉某一个菩萨或神，平时在家里也不供佛烧香，村民中很少有人吃斋念佛，家中没有设立祖先牌位。但是在过年的时候，每家每户会蒸面花祭财神、灶神和门神。新建住宅要

↑ 山神庙祭祀

①这种多神信仰即是中国民间流传的"万物有灵"的多神论。

↑ 祭祀山神

安土神，以保一方平安。

　　天旱少雨时，会抬龙王祈求降雨，并且在规定的节日，例如初一、初六以及清明时给祖先上坟烧纸。倘若遇到特殊的事情，比如家里人生病，没有子女之类，也会很虔诚地去庙里烧香磕头，以祈求平安。原始的宗教信仰，渗透在村民日常生活的方方面面，直至今天，村民还坚持着一些传承至今的信仰仪式，就如同他们每天吃饭睡觉、下地劳作一样自然。不过，人们的生存条件逐步改善之后，经济得到发展，再加上人们观念的变化，有些信仰也随之淡化了。

　　民间认为，祖先亡灵时时刻刻保卫着子孙后代，因此人们遇事则祈求祖先保佑，有福（如升迁、得子、结婚等）则兴坟祭祖，告慰祖灵，因为全是"坟上风脉，爷奶积德"的结果。

　　吴垭及其周边民间四时八节祭祀五谷神，腊八节给果树花木喂"年食"。[1]山区盛产药草，如金钗（石斛）、山萸肉（枣皮）、柴胡、黄芪等，民间都有神奇的传说，并在收获采撷之前烧纸祭奠。传说，桃树能镇邪，传说中的仙桃，是祝寿的最佳礼品，象征着富贵长命；桃木还被人们制成"桃木剑"，用来驱鬼，桃枝为婴儿外出必带的吉祥物，有镇惊避邪之功。白蜡杆、黄蜡条是传说中的降龙木。竹子，传说是蛇的舅，外出携带竹子或降龙木能防蛇咬。此外，民间还把"千年柏""万年槐"等古树视为圣树，传说它们能成仙成精，护佑一方。

①徐向升. 内乡文化遗产. 郑州：中州古籍出版社，2012：337.

族规家训

吴垭石头村的形成期正是中国传统生产方式——小农自然经济的发展时期，当时中国传统的社会组织是家族宗法制度，吴垭村民几百年来生活在一个相对封闭、半封闭的环境里，逐渐沉淀、形成了一种相对独立的宗法制度。

吴垭村是单姓氏自然村，吴氏族规、家训代代传承，家家遵规，户户守训，使得这个偏僻小山村，淳风厚俗，乡情浓郁。

吴垭村吴氏家族人丁兴旺，相互之间辈分清晰。家族内保存有《内乡县吴氏族谱》。虽然多数村民家中没有供奉祖先牌位，村里也没有家族祠堂，但在一年中的重大节日里，每户人家都必须要举行一些最基本的祭祀祖先仪式。

祭祀先祖的过程，其实也是传承、教导族规家训的过程。

村内互不通婚，邻里和睦。红白喜事都相互照应帮忙，有一种紧密的血缘纽带关系。

吴氏族训：

祖宗风范为措，启发后世子孙。忍让谦恭安本分，正道公道做人，为官清正廉洁，为民正视逆顺，诚实忠信世代遵，礼义廉耻莫损。首要父慈子孝，更需夫和妇顺。仁义道德束身份，正己方可化人。前辈措典传就，后辈常学永遵。千祥云集完美者，光耀吴氏满门。

传统节日

吴垭人比较重视的传统节日有春节、元宵节、清明节、端午节、中秋节、重阳节、冬至节、腊八节等，都有丰富的节日活动。

祭灶

每年的农历腊月二十三，是家家户户祭灶的日子，吴垭村也不例外，民间亦称"交年"，这天晚上，家家户户均"祭灶神"。入夜，男主人（不用妇女，民间有"女不祭灶，男不拜月"一说）跪到灶爷前，以红马（红公鸡）用酒领牲，让灶爷骑上，"上天言好事，下界保平安"；供品有炕制的灶陀螺（小圆饼），灶糕（米面、芝麻、糖等制品），作为灶爷上天途中干粮。在外做事的人，多于此日赶到家祭灶和准备过年，因此称此日为"交年"。民谣云："二十三祭灶鸡，二十四扫房子，二十五拐豆腐，二十六去割肉，二十七杀灶鸡，二十八把面发（贴花花），二十九蒸馍篓，三十捏鼻儿（包饺子），初一躬脊（作揖、磕头拜年）。"[1]

春节作为吴垭石头村的传统节日，有着丰富的文化内涵。这期间要扫除污秽，预防疾病，年三十要贴门神、对联、放鞭炮、吃饺子、除夕守岁，大年初一相互拜年祝福，给小孩压岁钱等。吴垭人基本是按照这个次序做"过年"的准备和过年的。

[1] 徐向升. 内乡文化遗产. 郑州：中州古籍出版社，2012：331.

过年

吴垭人把春节俗称为"年下"或"过年"。

除夕，一年的最后一个晚上。农历腊月有大有小，二十九天月尽者谓"小除"，三十天月尽者谓"大除"，不过民间对此二者均称"三十儿""年三十儿"。此日正午以前必须备齐过年的一切用品和食品。回乡的人们总是先回到村头山神庙祭拜，然后祭拜祖坟，最后才回到自己家老屋贴上春联。午时张贴门神、对联。民间有"贴罢对联，不准要债"的习惯。下午剁馅"捏鼻"，包足当天和初一所用的饺子。晚饭后，放炮敬神，进入"熬年"，又叫"谈年守岁"。这时，全家围坐火边，享受着酒肴果品，听着故事，猜着谜语，或玩牌，或下棋，你一言、我一语，热闹非常，真是"儿童强不眠，相守夜喧哗"。

正月初一（春节），是一年中最重要的一个日子，初一早晨由家长带领全家老小"敬天地""祭祖宗"，烧纸、上香、叩头、鸣放鞭炮。然后，喝"朝酒"（豆腐、凉粉、牛羊肉汤等冲黄酒），早餐皆吃饺子。

↑ 烧纸

↑ 贴春联

↑ 放鞭炮

跑百病

农历正月十五，是元宵节观灯、吃元宵的日子。而在吴垭村有"跑百病"的习俗。正月十五，吴垭村沿袭内乡县的习俗，放花炮点灯，堂屋有枣山灯，大门、二门点馍灯，门上挂红灯，大人、小孩外出要提彩灯，看谁的灯花样多，还要到坟地点馍灯烧纸以示不忘祖先。正月十六、十七要外出向远处跑着玩，美其名曰"跑百病"，以保佑人们在新的一年里身体健康万事如意。[1]

打春

立春，民间俗称"打春"，为春天开始的日子。从此，大地有轻烟飘荡之状，有"打罢春，阳气升""春打六九头，耕牛遍地走""春打六九头，不种芝麻也吃油"等俗谚。打春后，麦苗返青，草木复苏，开始了春耕大忙的季节。

戴"春鸡" 立春日，当地民间妇女习惯于用彩色绸布剪制"春鸡"，缀于小孩上衣臂上，男左女右，或双臂都缀戴，以为立春的标志。

"躲春" 此日，凡出嫁妇女忌讳见娘家人，如见娘家人，主娘家"死家畜"，因此，此日在娘家住的，要躲到别家，俗称"躲春"。现在民间只有少数妇女遵循此习。

打春牛 去县城观看"打春牛"是包括吴垭人在内的内乡县城周边人们在立春时节的一项主要活动。旧时，每年立春，内乡

---

[1] http://www.huaxia.com/ytsc/zywh/hzhn/2009/11/1647747.html
石头村民的"乐活"生活，摘自"走进宛西原生态古村落——内乡吴垭石头村"。

县衙要举行"打春牛"活动。立春前一日，知县亲率众官，身着朝服，高擎仪仗、"春"字牌，到城南先农坛祭祀春牛和芒神。祭拜完毕，知县在附近田里扶犁亲耕一至二垄地，表示代御亲耕，以祈丰年，然后迎春队伍将事先制好的土牛、芒神抬至县衙大堂前"迎春池"旁安放。至立春日，县衙仪门大开，对全县百姓开放，大堂前设香案，摆祭品，百姓手执彩旗，敲锣打鼓聚集而来。仪式开始，知县面北而跪作三献酒，赞礼官唱："长官三击鼓！"击毕，又唱："鞭春！"众官吏绕牛三圈，知县将春牛抽破，牛肚内事先填满的五谷、干果、红枣、核桃等食物纷纷落地，众吏役与百姓欢呼抢食，期盼新的一年五谷丰登、吉年有余。随后官民齐出县衙开始游街闹春，鼓乐、狮子、高跷、旱船、舞龙、唢呐等民间文艺活动尽兴表演，官民同乐，热闹非凡，到处洋溢着吉庆欢快的气氛，将迎春活动推向高潮。①

↑《内乡通考》中关于"打春牛"的记载

↑ 迎春池

↑ 打春牛

---

① "知县过年揭秘"，网址 http://www.neixiang.gov.cv/。

↑ 清明节前村民在家手工制作祭祖用的引路幡

↑ 引路幡

↑ 艾叶

该活动体现了自古以来从中央到地方政权对农业生产的重视。

2007年4月，"打春牛"被河南省政府公布为河南省首批非物质文化遗产。

清明 清明节是吴垭村重要的传统节日，也是最重要的祭祀节日，是祭祖和扫墓的日子。扫墓俗称上坟，是祭祀死者的一种活动。按照旧的习俗，扫墓时，人们要携带酒食果品、纸钱等物品到墓地，将食物供祭在亲人墓前，再将纸钱焚化，为坟墓培上新土，折几枝嫩绿的新枝插在坟上，然后叩头行礼祭拜，最后吃掉酒食回家。吴垭村民在清明节来临之前会亲手制作引路幡，先将白纸裁剪成约三厘米宽的长条，接着将白色棉线缠绕在白纸条的一端，然后将白色长纸条绑在已故亲人的坟边树木上。在祭扫时，给坟墓铲除杂草，添加新土，供上祭品，燃香奠酒，烧些纸钱，并举行简单的祭祀仪式，以表示对死者的怀念，寄托哀思。

端午 吴垭村民吃粽子、鸡蛋，饮雄黄酒，从山间还割取艾菖蒲插于门头窗口，以避瘟疫。民间认为，采艾叶插菖蒲，可

↑ 搬脚娃娃香布袋

以去秽气，避邪恶。小孩手脚绑五色线和佩戴香囊（俗称香布袋儿），
俗谓可避灾除病，保佑平安，民谣云"癞蛤蟆躲端午，躲过初五，
躲不过十五"。

中秋节 旧时中秋节夜设茶果、月饼于庭院，焚香祭月，称为"圆月"，以示秋季丰收，合家团圆之意。如今"祭月"之俗不存，但八月十五吃月饼，走亲串友之俗仍盛。"月到中秋分外明，人逢佳节倍思亲"之语，说明了人们对这一节日的重视。离乡的吴垭村民也会从不同的工作地方回到家乡，一家人除了改善生活外，还会准备月饼、核桃等时令山货，庆丰收共享家人团圆之乐。

重阳节 又称老人节，在每年农历的九月九日，是汉族的传统节日，民间在该日有登高的风俗，因此重阳节又称"登高节"，此外还有"茱萸节""菊花节"等说法。吴垭村民在庆祝重阳节时一般会登高、赏菊、喝菊花酒、插茱萸，还要吃糕。

十来一 十来一即十月一日，当地称为"小年下"，对此节的重视由此可知。传说此日阴曹地府为小鬼"放风"，他们可以出来领取家人送的寒衣，故亦称"寒衣节"或"鬼节"。是日，家家户户起早上坟，为祖宗"送寒衣"，烧纸钱，民间有"早清明，晚十来一"之说。一般民间在此日炸油馍（意在把鬼炸死），包饺子；同时，带着礼品（旧时以馍为主，现在以酒、糕点为主）走亲访友，互庆秋季的丰收。

从吴垭村一年中最主要的节日民俗可以看出，这个古老的乡村保持着传统农耕时代的特点，所有的节日都是围绕着庄稼种植和收割的过程而设置的，且都是在农闲时，这样人们可以不误农时，便于参与节庆活动。

庙会集市

吴垭人的物资交流、文化娱乐主要靠附近的几个庙会集市。在当地，庙会简称"会"，是民间集市贸易的主要形式，在规定的日子在寺庙或寺庙附近举行。

旧时，庙会上的主要活动为百姓向神灵求子、祈福、消灾、还愿等。20世纪50年代初，庙会虽兴盛，但祭神活动渐衰，贸易、娱乐成为主要内容；后在其发展过程中，以商品交换为主，故庙会变成了物资交流会。庙会一年四季都有，以每年农历正月至四月、十一月、腊月的庙会较多较盛。

清末民初时期，内乡有庙会一百多处，遍及城乡各地，吴垭周边主要的庙会有白衣娘娘庙会、灵山庙会、桃溪黑虎爷会、石堂山庙会等。

白衣娘娘庙会

白衣娘娘庙会在县城的西南隅。吴垭人常年生活在山村，很少到山外，借着赶庙会，可以顺便到县城看看热闹。

白衣娘娘庙会的起因，有一个传说。说是在明代，内乡一县令为感谢"白衣菩萨"送子之恩，在县城西南隅建白衣堂一座，每年农历二月初七（县令孩子出生日）起会，会期三天。白衣娘娘庙会在内乡周围影响很大。会前，外县，甚至外省的商贩提前赶到，圈地占场，搭棚设案；会日，方圆数十里、百里的群众涌入会场，可谓人山人海。会上，会有一些善男信女求神还愿，但多数人是来买卖、观光、游乐的。庙会期间要唱大戏，也叫"对台戏"，大戏少则一二台，多则三四台，都是对台对演，看谁唱得好；大小杂耍，民间说唱，应有尽有；诸如拉洋片、玩猴、抵羊、卖药、莲花落、吹牛筒、耍大刀、三弦书、鼓儿词、吹糖人、捏面人、念善书、独角戏、锣鼓队、唢呐班，等等，让人目不暇接，特别是民间"社火"玩狮子、撑旱船、蹬高台、跑竹马等更是热闹。庙会一开始，社火队伍便举起五色龙旗、牙旗，一路吹吹打打，走走停停，边走边演，围观者甚众。

以前，这个庙会的最大特色，是买卖文房四宝，这给一个普普通通的民间庙会增加了厚重的文化底蕴。庙会期间，各路商客满载各地文房四宝纷至沓来，展销交易。正会当日，庙会周边一些学校会放假一天，专门让学生赴会选购自己喜爱的文具。像较有名气的传统产品，比如项城县（市）"汝阳刘"的大小型楷书毛笔，一、二、三号长锋行草笔、榜书笔、大小绘画笔；南阳赵其胜、王开云的大小狼毫毛笔及"松烟香墨""油烟香墨"；各种规格的方城黄石砚台和开封墨盒；本地夏馆、二郎坪、小水、桑坪、米坪的白棉纸等，在庙会上都能买得到。

放风筝，是白衣娘娘庙会的又一特色。农历二月，春风和煦，是人们郊游的好时节，放风筝成为一些赶庙会人们的娱乐活动。庙会上风筝类别繁多，做工精巧。届时，庙会周围的天空纸鸢飞舞，五光十色，给赶庙会的人们带来了乐趣。

灵山庙会

灵山在内乡县大桥镇境内，雄踞于八百里伏牛山之首，原名云山。传说战国时，楚大夫屈原路经此地，见此山俊灵秀美、山泉叮咚、林木参天、鸟语花香、香火旺盛，随口赞叹："此乃灵山也。"此山后被更名"灵山"。灵山，南通荆襄，北达商洛，古为兵家必争之地的秦楚之关隘。千百年来，围绕灵山而诞生的一个又一个美丽的民间传说，成为包括吴垭人在内的内乡周边百姓的一种神往，一种精神寄托。

据传，灵山庙观兴建于西汉（前206—25）年间。灵山庙会源于何时，史无详考。传承至今的灵山庙会，于每年的正月初一、正月初八、正月十五、三月三、七月十五、十月十五等时间举行，规模宏大，热闹非凡。

灵山庙会的活动区域主要在灵山顶部的道观皇城内外。道观皇城内有祖师殿、圣公圣母殿、关公殿、包公殿、三仙殿、南海老母殿、药王殿；外有尊神玉皇殿和北部100米处的龙王殿，门前是祖师的门神灵关殿，灵关殿的正前方有一条通往山下的天梯，中间有一个凉亭供香客歇息。香客以内乡县周边为主，如淅川、西峡、南阳、新野、镇平、邓州、方城、洛阳、平顶山等，郑州等地的香客也经常来此上香，时有山西、陕西、湖北、广东、济南等外省香客慕名前来朝拜。[1]

灵山庙会是以民间信仰为主要内容的群众性文化活动，香客前来朝拜许愿，祈求幸福安康。农历正月初八是天官赐福的日子，正月十五是娘娘奶奶生日，三月三是祖师爷生日，七月十五是地官赦罪日，十月十五是水官解厄日，这五个具有特殊意义的日子要各举办一次大的庙会。每月初一、十五则为朝拜日，也有许多香客上山朝拜，而正月初一的这个朝拜日虽非庙会，但其热闹程度可与庙会相比。因为正月初一是我国传统节日——春节，道教称这一日是跑百病日，一跑就没病了，所以人们大都会走出家门跑跑看看，灵山就成了一日游玩兼朝拜的首选地。

桃溪黑虎爷庙会

吴垭距离桃溪镇黑虎爷庙会十多公里，是以农耕为主的吴垭及周边山民进行大牲畜交易的主要场所。

黑虎爷庙会，源于一个民间传说。传说，清乾隆年间，桃溪镇的杏花山（又说羽毛山），常有猛虎出没伤害人畜。山东高沟村郑姓的弟弟就被一拐爪黑虎吃掉。郑姓呈状于南阳府，告黑虎庙的黑虎爷纵虎行凶。知府谢昌亲赴杏花山，将黑虎爷塑像夹绑审问，并召集内乡、淅川两县猎户于周围沿山搜查，终于在陕西将拐爪黑虎"缉拿归案"。农历三月十五日，知府谢昌召集内乡、淅川两县文武官员及士庶人等，在杏花山将拐爪黑虎绞死，此后再无兽患。

后来，人们便于每年此日起会，演戏敬神，连续三天。黑虎爷庙会以大牲畜交易为主。繁盛时期，每次庙会成交达上千头大牲畜，猪羊无数。此会传承至今，兴盛不衰。

↑ 村民赶会归来购置的生活用品

游艺娱乐

吴垭人多喜爱当地传统民间戏剧、曲艺、舞蹈、游戏等，逢年过节都会去县城赶集娱乐，当地流行宛梆、曲剧、越剧、豫剧等；内乡曲艺主要是大调曲子和鼓词；民间舞蹈有狮子舞、撑旱船、蹬高跷、跨竹马、钓竿舞等。

竞技

吴垭人除了逢年过节到县城或附近庙会上享受一下"文化大餐"外，更多更有趣的还是在自己村里的自娱自乐。吴垭村民的娱乐道具多是自制的器物，有时连手帕、帽子、鞋子、杠子、石头、瓦片都可作为玩具，随时玩耍。来牌、下地棋、占方、狼背猪等游戏，十分吸引这些劳作一年的村民。

斗鹌鹑　秋冬季节，村民起早上山捉鹌鹑，捉鹌鹑为"斗"，好斗的鹌鹑都是平时"握"出来的，就是用手握住它，到处走，见人越多越好；每天喂一次，将鹌鹑装入袋子挂在裤袋上，这个袋子叫鹌鹑袋。"当年村里凡已婚男人都有几个鹌鹑袋。"村民吴云风笑言。[1]培养出好鹌鹑，就可约定与他人比赛：在室内小桌上放直径50—60厘米的罗圈，双方拿出鹌鹑丢在圈子内，让鸟斗架，有斗十几回合不分胜负的，人们就将其分开；有的斗几十嘴，突然有

---

[1]石头村民的"乐活"生活，摘自"走进宛西原生态古村落——内乡吴垭石头村"，http://www.huaxia.com/ytsc/zywh/hzhn/2009/11/1647747.html。

鸟或飞出圈外，或怯阵停斗，胜负立判。

斗羊 除了斗鹌鹑外，这里还流行斗羊。村里最大的打麦场东西长 50 米、南北长 30 米，农闲时节就是斗羊场，方圆二三十里的斗羊爱好者络绎不绝地都来这里，内乡有名的玩家都到过吴垭多次。

比鸟叫 吴垭石头村竹园及东西树林画眉鸟较多，过去，每年有村民捕捉画眉幼鸟，入笼喂养一年后可"开叫"。有的人家都有两三笼，每天早上画眉鸟开叫比赛，看谁的鸟叫得好听。

碾碾转 春节自然是一年中最热闹的时候，村民自发的娱乐活动也是很别致的：将石碾子竖起来，中间安装一轴承和一根木杆，将其穿在石碾子上，木杆两头各坐一人，推动转圈，看谁转得快。碾碾转，年运转，参与此活动，预示来年转好运。

荡秋千 吴垭村里村外到处是树，随便找个树杈拴上绳子，就可以高高兴兴地荡起来。

毛蛋 是妇女自制的，用线把扁形的物品包在里边，用线一层层缠绕到拳头大小，一定要缠得圆，打起来才得心应手。比赛时，选择打麦场上平坦的地方，参赛者拍打毛蛋转一圈，转圈最多者取胜。

狼背猪 是一种棋类游戏，使用特殊网状棋盘，一方 3 子（狼），另一方 15 子（猪）；在 5 条等长横线和 5 条等长竖线构成方格的基础上画两条对角线，连接边框线上的 4 个中点，以上述线条形成棋盘。

摆棋：开始游戏前，狼一方把子放在靠近游戏者 1 行 5 个点上的任意 3 点；猪一方把子放在靠近游戏者 3 行 15 个点上，各方均每点一子，开局狼先行。

行棋：狼或猪可向相连的相邻空点行棋（狼吃子时除外），双方交替行棋。

吃子：狼一方可吃子，猪一方不能吃子；狼吃猪时必须在同一条直线上，当狼和猪之间无空点且猪背后第一个点是空点，则狼可跳到猪背后把猪吃掉，也可放弃吃子改为行棋。

↑ 吴垭游艺

胜负：狼吃猪大于等于 6 个则胜，猪把狼全部围困使其无法行动则胜；双方均不能胜时则和。

抓子儿　由两人共同进行的一种游戏，多为女孩儿所喜爱。有七颗石子在地上丢开，拿起其中一颗石子向上抛，趁向上抛的石子未落前，抓起第二颗石子，再来接住刚才向上抛的石子，依次类推，抓起第三颗石子；如果三颗石子同时接住，再同时往上抛，此时手掌迅速翻过来，使三颗石子落于手背上；然后再往上抛，若能接住三颗石子，即游戏成功。如果抛起的石子没拿住，或者石子没抓起，就结束游戏，轮到对方开始游戏。

踢毽子　是吴垭村女孩子常玩的游戏，就踢毽子的游戏规则来说，只要连续踢，不落地，就都算数。踢毽子还有花样技巧比赛，常以肩、背、胸、腹、头与两脚配合，做出各种姿势，使毽子不落地，缠身绕腿，翻转自如。

中国民间
文化遗产
抢救工程
THE PROJECT TO CHINESE
FOLK CULTURAL HERITAGES

  吴垭人在生活和劳动中创作了自己的口头文学。这些口头创作的传说故事，在吴垭人的世代传讲中，不断完善着、丰富着，是吴垭村口述的历史，是吴垭人生产生活经验的总结，是吴垭人朴素审美情趣的体现，更是吴垭人乡愁情感的寄托。

↓ 山垭

第五章
传说故事

三叉古柏与吴家三门人

↑ 三叉古柏

吴垭石头村有两处坟园，村中那处小坟园中有一棵三叉古柏，距今约三百年历史。最初，吴氏先祖吴迪元来到这个村子时，这棵柏树就已存在。古柏的主干上有三个分叉，据说这种情况很少见，只有西安文庙有一棵五叉柏树。

长期以来，吴垭一直流传着三叉古柏与吴家三门人的传说，因此，这棵三叉古柏在村中有一种神秘感。

相传，吴氏先祖吴迪元只有一个儿子，名叫吴复周，吴复周生了三个儿子叫吴克振、吴克顺和吴克明。这棵柏树的三个叉分别代表了吴氏的三门孩子，柏树的哪个枝杈长得旺盛，哪个吴姓分支的子嗣就比较兴旺发达、有出息。现在柏树三个分叉都比较茂盛，这个家族已有不少子孙走出山村，开辟了自己的新生活。[1]

这棵鲜活的"家族树"如今成为吴氏族人传统宗族思想的寄托，一直并将继续为吴氏家族谱写属于自己的历史。

---

① 吴慧敏. 豫西山地传统聚落及建筑地域性研究. 郑州大学，2013.

猪八戒与搂耙山

吴垭石头村与内乡恐龙蛋化石群分布区紧紧连接，地质结构相同，村中村外怪石随处可见。从石头村向北看去是棋盘山，裸露在地面上的石头呈十分规则的方块状，俨然像棋盘。关于这特殊的山石地貌，有一个当地百姓口口相传的故事。

相传，一天，天上的王母娘娘驾云经此到西天去，当飞到棋盘山的时候，头上戴的一支金簪子不小心掉落了，于是，玉皇大帝就派猪八戒前来寻找。猪八戒扛着自己的九齿钉耙来到了这里，用钉耙在山石间搂扒，寻找遗失的金簪，经钉耙搂过的山石就形成了整整齐齐排列的样子出现在山坡上。

↓ 吴垭山石

黑虎庙里审奇案

石头村不远处有座黑虎庙，供着黑虎神，这黑虎神被塑成威武的将军模样骑跨在一头斑斓猛虎身上。

传说，清雍正年间，吴垭石头村西边的羽毛山有猛虎出没，叼牛羊伤人命。石头村及周边村民就建了座黑虎庙，供奉黑虎神以祈求平安。庙建了，神灵也供奉了，但虎患未除。羽毛山这条路，还是内乡、淅川两县商民往来的必经之路，为保安全，当地规定由乡勇持枪护送商民，每天定时过山，但还是免不了出事儿。

羽毛山北住着一户郑姓人家。那年，郑家三儿子中了秀才，四儿子去接他回家，路过黑虎庙时被一头拐爪黑虎吃了。郑家人满怀悲愤，每到内乡、淅川两县县令就任，就上书诉禀，乞求灭虎报仇。县令畏难推托，此事一拖数年。郑家无奈，便将黑虎告于南阳太守。南阳府正堂谢昌接了状子，专程前往羽毛山办案，内乡、淅川两县文武官员都陪同前来，正当午时，当场开堂审黑虎神。

衙役将黑虎神及四周庙神、土地神的塑身，皆绳捆索绑，架于庙前。谢昌郑重宣读《控黑虎文》，怒视黑虎神塑身，喝道："神以黑虎称，必专司虎政，岂血食一方，竟不见不闻！聪明正直之神，当必不然。"

接着谢昌命左右将众神塑都用桃木枷锁捆绑，放在太阳之下晒。只见黑虎神塑像的头顶竟冒出汗来，在场官员都惊呆了。

谢昌又卜卦追审："虎藏何处？敢报假情，立将塑身扔下黑龙潭！"

　　卜卦马上灵验地回答，拐爪黑虎逃往西北方向。谢昌立令聚集猎户能手，速往西北群山搜捕。

　　不几日，追捕虎数只，但均不是拐爪黑虎。

　　不久，土地神托梦给郑家人："如减我刑，我愿前往拿虎。"谢昌得知后，遂命解脱土地神身上的桃木枷锁。没多久，果然有一拐爪黑虎被缉捕归案，更神的是，这只黑虎绕黑虎庙三圈，大叫三声，自抵弩弓而死。是日，正是农历三月十五。

　　此后，这一带山区再无兽患。人们为纪念此事，每年农历三月十五日起会，叫"黑虎庙会"，正会三天，大戏杂耍应有尽有，三教九流游山交易，盛况空前，沿袭至今。

　　旧内乡县志载有《控黑虎文》，羽毛山也曾有碑文记载此事。①

↑ 黑虎庙

① "走进宛西原生态古村落——内乡吴垱石头村"系列之五. 来源：大河报，2009.

救命石壕

在吴垭石头村的西边有一片近百亩的坡地，当地人叫大石峡（又叫大石壕），在这片坡地上古树参天，栗树、黄楝树遮天蔽日。树丛间夹杂着许多青黑色的大石头，呈南北向带状分布，石头与石头之间形成纵横交错、窄狭幽深的石壕沟，每个壕沟可容数人，如果有人躲入石壕沟，就很难被发现。

据石头村老人们讲，在清末民初刀客四起、匪患不断的时候，遇到匪盗侵入，吴垭人就躲在石壕沟避难。抗日战争时期，当日本鬼子打到吴垭石头村的时候，村民们就躲藏到这片石壕沟里。日本鬼子害怕有埋伏就不敢随便进入这片石壕沟，在林外放几枪就走了。

大石壕一次次救了村民们的命，感恩的吴垭人称这片坡地为"救命石壕"。[1]

① 吴慧敏. 豫西山地传统聚落及建筑地域性研究. 郑州大学，2013.

狄青洞传说

　　吴垭石头村北部的狄青洞由 54 个溶洞组成，被誉为"中原第一大洞"。狄青洞非常神奇独特，是因为它所在的特殊地理位置，兼容了南北溶洞之精华，下可入地府白龙深潭，潭水清澈见底，映衬着石壁上如霜如雪的钟乳石，使人如临仙境；上可攀通天梯由通天洞向后山云霄洞出洞，构成了"进出两重天，来去不同路"的绝妙境界。

　　相传，宋朝大将狄青带领人马出征打仗，作战勇猛，打得敌军节节败退。当仗打到伏牛山区中心地带一三岔路口时，突然敌军不知去向，狄青队伍只好暂时驻扎下来。

　　为了不误战机，狄青带领几员猛将到山上察看地形，突然发现一个山洞，走近一看，发现山洞有不少人马痕迹。狄青判断，敌军一定是藏在里面，但山洞很深，地形不熟，不敢贸然进洞。狄青决定镇守洞口，一直守了三天三夜，仍不见动静。狄青想，照这样长期镇守，这一带的老百姓就要遭殃。他想了个两全其美的妙计，撤军走了。

　　原来，他派了几名士兵到山下村庄去买了些大山羊，又将战马脖子上的铃铛取下，戴在羊脖子上，把羊拴在洞口周围的树上，羊饿急了，又吃不着青草，就乱蹦乱跳，铃声响成一片。敌军听见马铃声，吓得龟缩一团，不敢出洞。当地的老百姓知道了这一妙计后，纷纷赶羊上山，个个都给羊戴上响铃，铃声响遍山野。人们轮流看羊，这样一连坚持十数天，敌军全都饿死在山洞里了。

　　人们为了纪念这位智勇双全的猛将，就把这个山洞起名叫"狄青洞"，一直流传至今。

石堂山传说

石堂山，位于乍岖乡白杨村南洼组西北 500 米处，在吴垭石头村的西部，竹林茂密，泉水潺潺，天然洞穴，独自成屋，素有"千顷上下寺，万顷石堂山"的说法，石堂山之所以庙院宏大，香火炽盛，事情还得从麻衣真人说起。

相传，唐太宗时，有一修道人李和，受仙人指点，来到石堂山，在此修道，晃眼便是四十个春秋。这一年久旱无雨，大地龟裂，禾苗枯干，百姓眼看就要饿死。这时候，山下有一位叫张爽的农民，纠集大伙商讨说："人传石堂麻衣子李和是得道的活神仙，有移山倒海、呼风唤雨之术，咱们何不结社求拜以拯救一方生灵？"[1]

张爽言毕，众人当即响应，一时间鞭炮齐鸣，鼓乐震天，众人簇拥着张爽上了石堂山，求拜李和降雨。

众人来到石堂山门外，焚香叩拜，那李和出门稽首相迎。众人见李和鹤发童颜，长髯飘胸，飘然若仙，无不欢呼雀跃。张爽说明来意，李和应了声："无量天尊，"继而说，"道同天地，感化万民，诚心所至，苍天必怜。众人且安心归去，待贫道作法祈祷天庭，三日内可见大雨。"众人心喜，告辞下山。

李和见众人离去，便返回石堂山闭目养性，于夜半子时登上石堂山的天坛，披发仗剑，念咒施法。一连两天过去，照旧日如喷火，地似蒸笼。李和心焦：道法无边，怎奈天不助吾？祷念间，忽然从

---

[1] 徐向升. 内乡文化遗产. 郑州：中州古籍出版社，2012.

外面涌进 12 个面色各异的顽童，见了李和，一齐跪倒叩拜："我辈参见真人师父！"

李和心奇：险山峻岭，虎豹出没，哪里云集这么多顽童？忙说道："尔等何村人氏，不在父母身边守孝念书，然何出没山林，见我口称师父？"

那 12 个小孩说道："我辈数十载伴师石堂，无颜聆谛箴言，今奉大师召唤施令，故此前来参拜。"

李和听了若有所悟，正色道："尔等即属上天遣派前来助吾，吾正焦心于民，尔等可助吾作法，布施云雨。"

12 个小孩听了，齐声道："谨遵师命！"言毕，退回石堂。

第二天，时至中午，天色瓦蓝响晴。李和心事重重，踱步石堂门外，忽见 12 条小龙在 12 眼泉水上戏水亮甲。小龙见了李和一齐隐入泉中。真相大白，李和心中万分高兴。

第三天，正当午时，突然雾起东南，风生西北，霎时阴云四合，乌云压顶，嘎啦一道电闪过后，引出隆隆几声沉雷，紧接着瓢泼大雨倾天而注，百姓望雨心喜，拍手称快。

唐太宗龙心大悦，敕封李和为"慈慧普济真人"，并在石堂山大兴土木，广为扩建。石堂山由此成了人们求神祈雨、拜药求子、顶礼膜拜的地方了。

↑ 石堂山庙会航拍

中国传统农耕社会自给自足的自然经济形态决定了农民就地取材，就材加工、量材为用的传统生活方式。在这种传统生活方式下，吴垭村民长期以来使用当地石头、木材、荆条等材料建造和编织各种农用、家用生活用品，展现了吴垭村民的简朴生活和独特的山乡手艺。

↓ 民居屋檐

第六章

山乡手艺

编织

编织是民间传统的手工技艺。吴垭编织主要有竹编、条编和草编，原料多就地取材，所编织成品以自用或在庙会集市上出售。

竹编 当地盛产竹子，在石头村中可见到成片的竹林，四时青翠，郁郁葱葱。这些竹子，村民用来制作日常用品和家具，能做出几十个品种。

从事竹器编织的工匠，能人好手较多，所用工具简单，有大篾刀、小篾刀。工艺技巧首推"破篾起篁"，其次是编织艺术。一个好竹匠能做到"破篾如丝，起篁如纸"，"编织分经纬，起花看走

↓ 竹筐

纹"是竹匠的又一大特色。一般竹匠都能编花篮、凉席、馍篓、筐箩、笊子、竹床、竹椅、竹架等。

条编　条编的主要原料是荆条、黄花条、簸箕柳、白蜡条、紫槐条等，可编织簸箕、筐箩、箩头、筐、粮食囤儿、篓、荆笆、篮子等生产、生活用具。条编主要讲究"起底儿""扭沿儿"。"起底儿"是条编的重要工序，不论是半圆或圆形，首先选择结实和粗壮的长条料以根梢相叉排交成十字，再用数根粗细均匀之光条沿十字相绕做成"底盘儿"，根据器具大小进行编织。编织的最后一道工序是"起沿儿""穿衣儿""扫沿儿"，"扫沿儿"好坏是衡量条编技术高低的关键。

草编、苇编　草编在吴垭民间很普遍，所用原料有龙须草、玉米苞、麦葶、芦苇等，使用龙须草和麦葶称草编，使用芦苇称苇编。草编主要是编草帽、草绳、草鞋、蓑衣和席子等；用玉米苞可编各种坐垫、地毯，芦苇可编制席子和笊子等。只有草鞋，是男人们农闲或下雨天打的。

↑ 竹质地锅盖

↑ 竹笼

↑ 藤条筐

纺花织布

　　纺花织布是当地民间纺织的主要手段。在漫长的岁月里，能人好手多有"朝浣纱而夕成布者"。纺花织布包括擀花、弹花、捻花、纺线、拐线、浆线、络线、经线、上机等工序。吴垭妇女擅长纺花织布，以前经济不富裕时，男女穿的长衫短褂和棉靴、棉布袜都是妇女手工做的。

　　擀花　擀车是原始加工籽棉的一种木制工具，高4尺2寸，宽2尺，顶点横向并衍圆轴两根，上边一根固定，下边一根外附搅把。加工籽棉时，一手摇搅把，一手擂籽棉于圆轴夹缝，圆轴旋转，棉籽自行脱落。20世纪30年代，擀车由铁制脚踏轧花机和机制轧花机代替，擀车绝迹。

　　弹花　木制弹花弓长5尺，张牛筋弦。弹花时，用一木制弹花锤弹拨筋弦，缠绕皮棉，然后将棉弹出，即谓"花"。加工中，锤弦相撞，节奏有声，嗡嗡作响。随着弹花机日益普遍，手工弹花已废弃。

　　搓捻子　葶子一根，木制搓板一个，用葶子缠绕棉花，然后用搓板搓实，抽出葶子，棉花即成空心条状，谓之"捻子"。

　　纺花　又名纺线，纺车由车轮、丝弦、铁锭子组成。儿歌云："纺花车，圆又圆，锭子中间系根弦，哼呀哼呀纺棉花，妈妈纺线俺穿衫。"

　　拐线　拐子由细木制作，状若"工"字，把手长1尺5寸，操作时，一手持拐盘旋，一手放线，使线团变成线盘，以利于浆。

浆线 棉线质地柔软，易于疏松挂断，将线盘统身浸入面浆，浆后晒干，通过搓揉，使棉线细白而有韧度。

络线 络线习称"络蔓"。篗是木制的楞框架，4寸见方，高7寸，中空，穿入络床，另有风车套着线盘。操作时，将风车上的线头牵附于篗，车动篗转，直到棉线完全绕于篗上为止，也有以"筒子"代篗，将鸡蛋粗的竹竿，锯成7寸长的筒，将线络到筒上。

经线 三人操作，将20只络过的篗或"筒子"一字排开，竹竿一根横架其上，竿上系线圈20只，将线头穿入，然后等距离楔木橛5根，两头各坐一人，经线入手揽线撮传递给甲，甲攀交于木橛，经线入又走至乙，乙接线攀交于木橛上，往返增递，直到蔓或筒子上线全部经完，卷附于木桴上机。[①]

织布 织机亦称织布机子，木制，分"自来框"和"手扳框"两种，其结构相同，但自来框布机倾斜度大，不同点是"梭子"。梭子又称"织布溜子"，手扳布机梭子呈月牙状，单面开口，自来框梭子空心，偏平、呈梭形，两面开口。俗话说，"织布巴墨儿，接媳妇巴孙儿"，墨儿是织布的计量单位，一墨长1丈5尺，上机一次10—30墨儿不等，一般织工一天难织一墨儿布。

随着纺织技术机械化，土布和土布织机已被淘汰。

①徐向升. 内乡文化遗产. 郑州：中州古籍出版社，2012.

石艺

　　内乡山区石多质量好，是建筑、装饰的好材料。石料以师岗、
乍岖、桃溪三乡镇为优。旧时，石匠在凿石打眼时十分忌讳徒弟
打空锤。石匠中又分很多工种，有锻碑雕刻的，有打石碾、石碌、
石磨、石条、石门墩、石槽、石擂臼的。从挖石头、打石头、到
砌石头、雕石头，村里很多人都是能工巧匠。20 世纪 50 年代后，
随着工业发展，当地建起了大理石矿，以机械加工为主，锻磨匠
近于绝迹。

↓ 售卖石头

剪纸

剪纸又叫刻纸、窗花或剪花。

剪纸大都出自农家妇女之手，以淳朴、粗犷、简练、明朗为特点，种类繁多，有喜庆剪纸、礼仪剪纸、祛病剪纸、生活剪纸、福寿剪纸、婚禧剪纸、趣味剪纸、图案剪纸和现代生产劳动剪纸等。

↑ 剪纸

由于城镇化步伐的加快，村民人口流动，手工剪纸也面临消失殆尽的境况。在传统手工艺方面的村落调查中没有发现现在还会剪纸等手艺的村民，有一些（如村民李贵莲）会这些技艺但目前已离开村庄，到内乡县城居住。

↓ 剪纸

木匠

　　木匠是一种古老的行业，木匠以木头为材料，伸展绳墨，用笔画线，后拿刨子刨平，再用量具测量，制作成各种各样的家具和工艺品。吴垭现有村民吴新照会木匠手艺，打制日常家具如凳子、椅子、简便折叠桌等。

↓ 木匠工具

↑ 村民吴新照自制椅子

风味小吃

面食是吴垭人的主食，吴垭人在长期的劳动生活中，利用当地丰富的物产，用自己的一双巧手，制作出了味香形美的风味小吃，这些小吃美食制作技艺吴垭一直传承着。

面条是吴垭人除馍之外的一大主食，平时每天至少吃一顿。面条的制作方法因季节的更替不断变化：冬季天气寒冷，人们多吃汤面条，里面放些干菜、酸菜或新鲜青菜，吴垭人也爱吃清水面条，另外还有一种在面条汤内搅入面糊，这种带糊的面条，人们俗称为"糊汤面条"；夏季人们多吃捞面条，面条煮熟后捞出，放在凉水或阴阳水（开水掺凉水）中拔一下，拌以蒜汁、苋菜、荆芥和黄瓜丝，吃时清凉利口，防暑降温；春秋季人们多吃卤面、捞面条等，到了蒜薹和豆角收获的季节，家家户户都喜欢用蒜薹和豆角做卤面。因为这些菜是做卤面的固定菜，所以蒜薹和豆角收获的时候，也是人们吃面条较多的时候，平时两三天里最少要吃一顿卤面。

庄户人家也爱吃杂面条，在小麦面中掺些绿豆面，有一种清香的味道。绿豆面条松散不易成团，掺些小麦面就会增加面条的韧性。吃这种面条的时候，汤内常常放些红薯叶、芝麻叶。

浆面条

浆面条是吴垭山村有特色的风味小吃。做浆面条最重要的就是打浆，浆常用的是绿豆浆和面浆（其他有红薯浆等，有时令性），而最好的是用绿豆浆，家庭最常用的是面浆。做浆过程：将磨好的

↑ 浆面条

绿豆浆发酵，放入发酵物，充入适量的水，放入少许曲，然后放置24—48小时，等发酵物溶解或者浆味很醇厚的时候就可以用了。

先将芹菜切成寸许小节，煮熟，倒入面糊，煮沸后盛入盆中，加入麦面发酵，次日即成"味酸、香甜"的"浆水"；用浆水下锅煮面条，再配以油炸葱花儿、姜、蒜、五香粉、黄花菜、辣子油、花生米、酱油、盐等，起锅时，再倒两勺芝麻油，搅匀即成。浆面条味酸、辣、甜、香、光滑可口，食者无不称赞。

酸浆细面

酸浆细面面嫩味鲜，开胃利肝，适口性强。

酸浆制作方法：先将白菜帮、芹菜秆、豆腐水、香椿叶和水备好，用沸水淖菜半成熟，将菜及水捞至缸中，5—7 天后即酸。每天将面汤循环倒入缸中，使用一个月左右，全部倒掉，另备酸浆。

面条制作：和面时放入适量食用碱、鸡蛋（2 斤面、1 个鸡蛋），拌成面涵，轧成面条。

煮面条：锅开后，将面条放入，滚熟后，捞出放入盛酸浆的碗中，再加入羊肉臊子。

油旋

在吴垭村还一直流行着这样的谚语："筛筛，隔隔，大舅来了吃啥饭？打鸡蛋，烙油旋，不吃不吃两大碗。"旧时，山乡农村平日无馍，有客人到，发面蒸馍来不及，就形成了烙油旋待客的习俗。

制作方法：将面和成团，揉至腻软，擀成饼；先淋一层香油，均匀撒上葱花、细盐等，卷成圆筒状，手持两端，拧成"麻花"，纵向捺实，再擀成圆饼。锅内放少许油，待油热时，把饼放入锅内，勤转勤翻。油旋吃起来焦黄酥香，味美可口。

菜蟒

吴垭人善用韭菜、鸡蛋和粉条做吃食，很多馅儿类的面食都离不开这三样。这三样食材在一起，就成了吴垭人心目中的"三鲜"。用面皮卷起馅儿，长长地盘在笼屉中，外形真有点儿蟒蛇的意思，这是地道的吴垭家常美食，老百姓几乎人人会做。

制作方法：将面团擀成薄片，将馅匀摊其上，卷成筒状，两手各执一端往中间一挤（表皮起皱，颇似蟒身）即上笼蒸熟，便可食用。菜蟒也是内乡一种典型的家常饭。

火烧

在吴垭的老百姓都喜欢吃火烧，有时候出门也要带一些在路上

↑ 火烧

吃，因为比面包、饼干更当饥，吃起来又焦又香，做工精细，因此深受当地人喜欢。

将一块面团拉长、压平，上面抹上油酥浆，将面卷起来，用手压扁，包上肉馅，收边做成圆匾形的火烧坯；然后一个个地放在鏊子上"火烧"加工。火烧是由火烧出来的，烧，这是一种最原始的烹调方式。

松花蛋

松花蛋又称皮蛋、变蛋、灰包蛋等，是一种山村传统风味蛋制品，主要原材料是鸡蛋，口感鲜滑爽口，色香味均有独到之处。制作时，选上好的鸡蛋，用石灰、纯碱、食盐、黍叶粉等辅料加工而成。其特点透明、清香，溏而不化，富有弹性，营养价值高，是下酒佳肴，馈赠上品。

制作工艺：将碱面、食盐、石灰、黄土等放入一口干净的大缸内，其他原料放入锅里熬煮，待各种原料全部放进去后退火，将煮好的料水慢慢放入装有碱面和石灰的大缸内，并不断进行搅拌直至搅拌均匀。将大缸内的料水进行过滤、冷却后，再将蛋放进去浸泡（鸡蛋应完全浸泡在料水里），浸泡时间约为5—6天，如果天气寒冷，浸泡时间应当增加至7—10天。优质蛋头重，去壳后，蛋体完整，呈深绿或棕褐色，光亮透明，富有弹性，不粘手，不糟头，无异味，蛋黄瘦而不硬，凝而不流，香而不腻。

卧酸菜

卧酸菜也叫沤酸菜，是吴垭民间长盛不衰的一种蔬菜发酵食品。始于何时不详。酸菜几乎家家都有，酸味纯正，久吃不厌，可以开胃、去火、消腻，可凉拌，可做汤，做面条，做包子。其原料包括刺菜、红薯叶、蒲公英、芝麻叶、小油菜、蒲公英、莴苣叶、萝卜缨等。

民间有"南阳往西来，家家卧酸菜，食之能开胃，弃之舍不得"的歌谣。[①]制作时，将家菜或野菜淘净，用锅煮至七八成熟，捞于缸、坛、盆等容器中，上面用石块压实，加水，卧（沤）五至七天即可食用。做面条配上酸菜，开胃，十分好吃。

锅出溜

很早以前，在吴垭山区只有地主家才能吃得起锅出溜。先要把面和水各适量搅匀至没有面疙瘩儿，再把大铁锅烧热抹上豆油，用勺子把面浆沿锅边倒入锅中，面水顺着锅边上沿倒上薄薄的一层（一圈），片刻就凝结成一张面皮，面浆沿锅沿"出溜"到锅底，由此得名"锅出溜"。现在锅出溜的主要原料为面、大米、小米、黄豆、玉米等，经传统工艺自然发酵，色泽金黄、香甜可口、营养均衡、老少皆宜。

①徐向升. 内乡文化遗产. 郑州：中州古籍出版社，2012.

　　中共十九大报告中首次提出"乡村振兴战略"，将乡村振兴列为全面建成小康社会决胜期的重要战略之一，明确指出"农业、农村、农民问题是关系国计民生的根本性问题，必须始终把解决好'三农'问题作为全党工作重中之重"。河南吴垭作为中国历史文化名村，将继续秉承"自觉地珍爱自然，更加积极地保护生态，坚持可持续发展理念"，走向人与自然和谐的社会主义生态文明。

↓ 石头民居

第七章

美好吴垭

守望乡村

　　吴垭村的石头，从原始的荒野走进人们的视野，参与人类的繁衍生息，养育温暖这一方百姓，它们的一呼一吸，都与村民血脉相连。吴垭村的人们，因为有石头做伴，这里的空气将永远弥漫着悠远的风雅物语，永远弥漫着人类与自然和谐相处的浓浓深情。

　　吴垭传统聚落是农耕文明时期豫西山地传统民俗文化的活化石，记录了吴垭人用智慧建造家园、适应自然，并与之和谐共生的传奇历程。经历了数百年的积累与沉淀，形成、保持着一种尊重、亲和自然的聚落风貌格局，其运用地方乡土材料及平易的技艺，创造出了一种外刚内柔、阴阳和合、原初态的居住模式，更彰显了中华民族传统的文化观、价值观。

　　长期以来，由于吴垭石头村地处偏僻，生产生活方式相对落后，虽然村落自然环境优美，但是农民可开垦的农田数量有限，土地缺乏稳定的水源，基本上靠天吃饭，粮食产量也无法与平原地区相比。随着现代社会经济的发展，工业化、城镇化的快速发展，村民的粮食生产经营规模过小，生产效率不高，农民的收入增长较慢，致使农业竞争力不强，城市的工业生产又急需大量廉价的劳动力，大量吴垭村人口，尤其是青壮年劳动力进城务工，或移居县城及周边城市，村中的常住人口累年减少，出现了人走房空和人走房废的现象。吴垭石头村的老龄化、空心化，使得村落缺乏维持自身发展的动力，村落的发展也就难以为继。吴垭村留守的老人，他们坚守着祖先留下的产业，坚守着传统的文化和民间习俗，他们的坚守是惯性的坚守，是集体无意识地在血液里流淌着的传承的信念。故园的失守，不仅是物质家园的失守，同时也是精神家园的失守，而这意味着精神的孤独和无所着落。

随着吴垭村民生活水平的不断提高，其向往城镇化生活的心理逐渐加重，逐步形成了对传统村落保护的内在压力。有条件的村民开始对旧房翻新、改造，甚至弃旧建新，造成了对石头房的二次破坏，类似"插花"式的建筑不时出现在这原本古朴、自然的画卷上，造成新建筑与历史建筑、乡土风貌的不协调。同时，现代的生活方式也使得传统民居与村落传统生活方式逐渐消失。要唤起吴垭村民的整体生态意识，认识到自然是村落得以存在和发展的基础，村落的一切活动都不能破坏自然环境，而是要与自然环境相协调，共同发展；村民在追求现代生活和改善生活的行为和举措应以村落的整体生态利益为前提，必须遵循部分服从整体的原则，不能损害村落整体的诗性语言和精神面貌。

吴垭石头村传统村落的保护和发展要促进人与村落的和谐，关键是发挥吴垭村民在村落保护发展工作中的主体性作用，充分尊重村民的利益诉求，加强村民决策环节中的参与度，使村民树立起主人公意识，从而促进村民与村落的和谐与发展。要唤起吴垭村民保护村落文化的文化自觉和主体性，生活在传统村落的吴垭村民是保护工作的最直接、最重要的利益相关者，因此要通过宣传和教育加深村民对传统村落内在价值和文化意义的认识，从而使保护传统村落转化为村民的自觉意识，实现吴垭传统村落自然生态和文化生态的可持续发展，给子孙后代留下天蓝、地绿、水净的美好家园。除了村民的自觉外，还要依托于现有的《文物保护法》《非物质文化

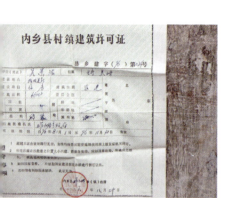

↑ 吴景法家建筑许可证

遗产法》等法律法规。传统村落的保护和发展要发挥政府多部门协调机制，认真研究并制定村落的《保护发展规划》，制定好多学科、多领域、多部门的研究和参与机制，发挥好专家团队的技术指导和本土专家的参与作用。[1]2015年3月，内乡县政府制定的适合吴垭村保护发展的具体实施措施——《吴垭石头村文物保护规划》通过了省文物局专家评审；县政府制定的《吴垭石头村修缮设计方案》对每一个院落、每一座石头房都有具体、详细的设计修缮方案，同时规划配套完善水、电、路、公厕、停车场等，使吴垭村成为一处旅游景区，不仅对外开放，同时防止建设性破坏。

↑ 吴垭村民吴建国家的宅权明示碑

①宋江.传统村落保护与发展的贵州实践.中国文物报.2015.12.

吴垭寻梦

吴垭石头村，相对于河南境内诸多饶有特色但已迅速消失的古村落，是幸运的。

2005 年，《河南日报》以新闻图片的形式，第一次向全国介绍了吴垭石头村。同年年底，因为石头村地貌原始古朴、民风淳朴，中央电视台 16 集戏曲连续剧《瓜儿藤儿根儿》在此开拍。

2006 年，吴垭石头村成为"河南省文物保护单位"。

2006 年到 2007 年，硬化绿化了 1 公里的上山道路，铺筑了 4000 多平方米的石板路、石头台阶，修复了接官厅，设置了奇石场，

↓ 中国景观村落授牌仪式

为吴垭石头村创造了基本的旅游条件。

2009 年，吴垭石头村成为河南首家"中国景观村落"。

2011 年 6 月，内乡县人民政府印发了《内乡县乍岖乡吴垭村历史文化名村管理办法的通知》；2010 年 11 月，河南省人民政府命名吴垭村为"河南省第四批历史文化名村"；2012 年 12 月，国家住房和城乡建设部、文化部、财政部公布吴垭村列入首批中国传统村落名录。

2016 年 4 月，为保护古村落，当地政府多方筹措资金，修缮房屋、架设光缆、铺设自来水，进行古村落修复。

以打造"山乡石村"为主题，以吴垭古村落的整体风貌保护为基础，以民俗文化的延续为支撑，以文化旅游开发为活力，通过对吴垭古村落历史文化遗产及其环境的有效保护，基础设施和公共服务水平的提升完善，突出吴垭古村落的传统山区民居建筑文化、民俗文化、农耕文明及石头文化特色，全面保护吴垭石头村的原生态古村落氛围，使之满足现代人们物质和精神生活的需要，适当开展旅游活动，使之成为"历史风貌完整、生态环境优美、民俗文化延续，以遗产保护为核心兼顾旅游发展的宛西山区传统村落"。[1]

配套提升基础设施和公共服务水平

道路升级改造项目 环村旅游环线建设：以吴垭石头村为中心，建设连接王井 6 个村民小组的环村旅游环线道路，解决贫困村 1200 名群众出行难问题；计划从省道 S332 石桥组路口至贾沟组至吴垭村

[1] 内乡县乍岖乡人民政府. 内乡吴垭石头村文化产业园项目. 来源：南阳市财政局，2016，10.

核心景区（长 4.9 公里），至白沟组、黄家沟组至王井组路（长 5.6 公里），规划路面宽 6 米，全长 10.5 公里。村落内部道路改造：对村落内的古巷道、石阶路进行改造，道路加宽，增设防护栏，改善石阶路狭窄且高低不平、路况损坏的现状，保证游客安全。

吃水工程 打一口 100 米深的机井，安装一个容纳 18 吨的无塔供水器，配备 DN65 供水管 592 米、DN32 供水管 601 米，满足居民生产生活用水，保证居民和游客的饮水安全。

古民宅房屋修缮 由于历史、自然、经济等原因，吴垭石头村的部分古建筑老化、破损严重，对吴垭石头村 42 处古建筑进行修缮，对部分红砖房进行外部改造，保护好吴垭传统村落的完整性、真实性和延续性，增强传统村落保护发展的综合能力。

消防建设、排水、电力电信工程 古建筑火灾隐患大，村落内设置 7 个消火栓，古建筑民宅内配备灭火器；增设 8 个检查井，增设长 1028 米、直径 300 毫米的污水管和 426 米的雨水沟，保障排水通畅；新增设变压器，改造村内所有线路，解决古建筑民宅内线路老化的现状；增设安防系统，改造线路，保证信号畅通。

配套公厕和垃圾收集设施项目 新建水冲式公厕，沿线设置垃圾箱，购置清运工具，改善村庄脏、乱、差的现象，美化卫生环境。

配套公共服务设施 在村落醒目位置塑造入口景观，新建三处停车场，配套必要的公共服务设施，满足游客参观需求。

融入旅游功能，打造特色旅游村

开发"一心、两轴、六区" "一心"即以文化广场为中心，包括广场周边的民居，是古村的公共活动、民俗活动与综合服务中心；"两轴"即纵横两条特色风貌轴，集中展示古村风貌；"六区"即北部的传统民居风貌区、中部的民俗活动和综合服务中心、南部的农耕文化风貌区、东北部的山林风貌区、东南部的田园风光区以及东部的墓葬区。

打造主功能区 要集中体现民俗文化，体现"观、特、文、教"四个方面的内容。"观"，即以观赏石文化系列构筑成的民居及石器时代的生产、生活工具，与主功能区配套的花草、树木、动物和禽类；"特"，即以农副土特产柴鸡、柴鸡蛋、山梨、柿子、黄酒、茶叶、板栗、蜂蜜、农制粗布衣、手纳布底鞋等；"文"，即体现豫西南地区古代、近代、现代文化资源和两个文明建设的成就，收集并挖掘和整理；"教"，即以旧石器时代农具、传统文化、科普教育、乡村民风为主题，设立民族民俗、乡情民情教育基地。主要按照现存的石头村房屋位置建设和修建接官亭、马车古道、景区大门、雕塑、石头广场、农耕博物馆、停车场、特色农产品展示一条街、宛西民俗风情园、石文化博物馆、农家宾馆、接待中心等，同时，对现有房屋进行修缮。

打造次功能区 以主功能区为依托，围绕主功能区向四周扩大，

↓ 吴垭石头村全景

主要体现旅游和田园风光形式，集中体现四个方面内容，即"耕、摘、玩、乐"。"耕"，农耕田园的农作体验；"摘"，收获季节，果品采摘；"玩"，篝火烧烤、猎奇射击、小湖垂钓、登山攀岩；"乐"，休闲旅游，田园风光，自娱自乐。主要以石头村四周景观为依托修建人工湖（水上乐园）、林果采摘园等。

岁月如织，沧海桑田，但未改变的是吴垭村的石头房子和农耕生活。如今，吴垭石头村引起了各级政府重视，这一农耕文明的活标本，会继续演绎精美的石头会唱歌的故事，这里的质朴风光也将成为一张最美中原名片，吸引着人们的关注并为之带来新的发展。

中国历史文化名村的保护和发展是中华民族文化基因的得以继承和延续的重要载体，是生态文明建设中人与自然和谐共存理念的典型实践，是社会主义生态文明建设的重要组成部分。在乡村振兴战略指导下的河南吴垭传统村落保护和发展，以生态、和谐思想为核心，把吴垭传统村落作为一个有机的生态系统和生命系统，怀着敬畏的心态来对待，让传统村落不仅成为村民安居乐业的家园，更是成为我们乡愁的寄托。

拉砖

修复房屋

运送荆苫

抬荆苫

山民

编荆条

做晌午饭

铺路

附录 吴垭村调查访谈录

（一）访谈时间：2015 年 2 月 26 日

访谈地点：吴垭村民吴新照家

访谈参与人：南阳师范学院教师田晓（调研员）、蔡伟、万明科、
村民吴新照、吴新照的母亲、吴新照的大叔以及一些
围观的游客

访谈内容：主要了解村民的衣食住行、宗教信仰、婚育情况、民俗
礼仪活动等方面的情况

访谈目的：通过实地调查，进一步寻找相关的民间手工艺人，挖掘
民间文化

↓ 村民吴新照（左一）、串门过来的吴新照大叔（左二）、吴新照母亲（左
三）、田晓（右三）、蔡伟（右二）、万明科（右一）

调研员：吴垭是什么？（注：村民用方言说"吴垭"村时发音为"wo 垭"）

村民（吴新照）：吴垭是一个生产队，是王井村的一个自然村，现在是吴垭石头村。

调研员：大哥，你现在多大年龄了？

村民（吴新照）：我今年 51 岁了。

调研员：看着可不像，很年轻。

村民（吴新照）：近几年总是生病，身体也不太好，我前段时间在南阳住院三四十天，刚回家。

调研员：这个石头房子有多少年了？

村民（吴新照）：嗯，有二百多年了。

调研员：家有几口人？

村民（吴新照）：家里有三个人，我和老母亲还有媳妇，媳妇也生病在屋里躺着，不能下床，需要照顾，我现在也不能出去打工。我有一个女儿出嫁了。

调研员：现在过年什么时候包饺子？

村民（吴新照母亲）：腊月的二十八九包。

调研员：和南阳的风俗差不多啊，啥时候贴对联？

村民（吴新照母亲）：嗯，大年三十上午贴对联。

调研员：大娘，刚说的蒸馒头，蒸那个枣山馍，村里有人会蒸吗？

村民（吴新照母亲）：咱现在一般过年都不蒸了。

调研员：那你原来蒸过吧？

村民（吴新照母亲）：原来蒸，蒸金山、银山、枣山。

调研员："wo 垭"，你刚刚说的"wo 垭"是按咱内乡的方言来说的吧？

村民（吴新照母亲）：嗯嗯，是。

村民（吴新照）：你们是哪的？

调研员：我们是南阳师范学院的。我们去年夏天的时候来调研过，那时候就你一个人在家。

村民（吴新照）：都不是外人，从哪里来都挺好（热情的语气）。现在村里有人把村子里的石头用车拉走了（偷走了），有一家人养了一群羊，没人注意，被人拴着羊腿用车偷走了。

调研员：您的意思是说，有一些闲人在村子里趁没人把东西偷走了？

村民（吴新照）：村子里有一家的石槽也被偷走了。村子的石棋子，一个几十斤重，也被偷光了。现在村子里来的人多了，觉得俺村啥都是好东西，就有人偷俺们东西。

调研员：从资料上看到有石棋子，现在还有没有了？

村民（吴新照）：应该吴万军家还有一个。

调研员：咱们这边女孩子出嫁，有没有什么特别的习俗？

村民（吴新照母亲）：女儿出嫁男方送来彩礼，买一些嫁妆。

调研员：现在这里的风俗差不多，都是这样的习俗。你现在会剪窗花、剪纸吗？

村民（吴新照母亲）：不会。

调研员：咱们村现在有人会没有？

村民（吴新照母亲）：现在村子里没有了。

调研员：咱村里有贴窗花的习俗没有？

村民（吴新照母亲）：没有这个习俗，年轻人都出去打工了，现在村里只剩下老人、病人、小孩了。

调研员：听说以前村后面着火了，烧毁的是什么？

村民（吴新照）：老房子，敬的有神，不知道是怎么着火了。

调研员：以前敬的是什么神？

村民（吴新照）：敬了有十多个神位，一排三个，有好几排。

调研员：哦！好多神是吧！现在神位都没有了吧？

村民（吴新照）：嗯，没有了，被火烧了。

调研员：神的泥塑一般不都是泥巴做的，不会烧完吧？

村民（吴新照）：不是不是，不是泥巴，是石膏，一烧就脏了，碎了。

调研员：以前有没有人来烧香、拜神的？

村民（吴新照）：有！以前很多。

调研员：人们都一般什么时候去烧香？

村民（吴新照）：没有固定时间，一般都随自己的意愿去烧香。

调研员：一般都是正月初一，正月十五去烧香，这边没有固定的时间？

村民（吴新照）：村里去的人少，村里一般去黑虎庙，三四里四五里路，一般去那里烧香。

调研员：您年轻的时候做过鞋垫没有？绣花的鞋垫。

村民（吴新照母亲）：没有，不会做。

调研员：咱村里有哪个妇女的手巧，做这类的针线活儿？

村民（吴新照母亲）：现在都不在家了。

调研员：现在在哪里？

村民（吴新照母亲）：在县城住。

调研员：是小姑娘还是年龄大一点儿的？

村民（吴新照母亲）：是年龄大一点儿的媳妇。

调研员：叫什么名字？

村民（吴新照）：叫李贵莲。

调研员：有没有谁会绣花、剪纸、织毛衣的？

村民（吴新照）：织毛衣都会。

调研员：蒸馒头、枣山这个谁做得比较好？

村民（吴新照）：现在都不做了。我那个叔家会，现在不做了。

调研员：哪一家？

村民（吴新照）：就是那个男孩他母亲。

调研员：他对枣山了解得特别详细。

村民（吴新照）：人家会知道怎么做。

调研员：他们现在都去哪了？

村民（吴新照）：刚出去放羊了，可能回来了。

调研员：男的现在一般都出去了，平常在村里的有多少人？

村民（吴新照）：人不多，二三十个人。有的父母在县城，孩子也带过去了。在县城有房子的人都去县城，村里剩下四五家人吧。年底了，人多一点回来了。

调研员：他兄弟几个？（上面提到的会蒸枣山馍的村民）

村民（吴新照）：他是独生子。

调研员：平时你就是在家干农活儿吧？

村民（吴新照）：嗯，种地。

调研员：种地在什么地方？

村民（吴新照）：都在山坡下的沟里，住在高处，田地都在低处。

调研员：低的地方容易浇灌？

村民（吴新照）：不是的，这里现在缺水，靠下雨。现在打了井，有自来水，够人饮用。

调研员：现在一个人有多少地？

村民（吴新照）：一个人有三四分地。

调研员：嗯，不多。

村民（吴新照）：今年天旱没有收成。

调研员：大多种玉米和小麦吧？

村民（吴新照）：嗯，现在大多都是这两种。山上小块地一般种花生、芝麻、红薯，山下种小麦、玉米。明年路修好的话，收割机就可以进来了，能机械化生产了。地不好种人们一般都不种了，花梨树那边的地也都不种了。

调研员：花梨树是一种好木材，是咱山上有吧？

村民（吴新照）：嗯，是山上的。

调研员：这边果树挺多。

村民（吴新照）：嗯！柿子树多一点儿，主要石头太多。橘子树也多。花梨木做香菇好！现在政府保护，退耕还林，保护树木，不能砍伐。

调研员：嗯！保护自然林区。这边土鸡蛋多不多？

村民（吴新照）：不多，一般都自己吃了。

调研员：大哥电话多少？

村民：156×××××××××。

调研员：咱村里有没有人会做家具？

村民（吴新照）：我就是个木匠，不过咱不会做啥好看的。

调研员：嗯，好！以前做什么家具？

村民（吴新照）：都卖了，没剩什么。

调研员：主要做木工类的活儿，石刻呢？

村民（吴新照）：石刻没做过。

调研员：家具有花纹什么的没有？

村民（吴新照）：以前没有，现在有。

调研员：主要做什么家具？

村民（吴新照）：茶几，柜子。

调研员：是仿制还是自己做？

村民（吴新照）：仿制和别人定制。

调研员：那个圆的茶几是自己做的吗？

村民（吴新照）：是，自己做的。

调研员：挺漂亮，花纹是自己做的吗？

村民（吴新照）：花纹是打出来的。

调研员：大哥你做这种家具在这边一定好卖。

村民（吴新照）：农村人一般不买。

调研员：嗯。您的工具让我们看一下！

村民（吴新照）：一般都是凿子，斧头什么的，别的也没了。

调研员：这手艺不能丢，好好做。

村民（吴新照）：工具没有以前多了，以前还有刨子。

调研员：这是你自己做的吗？

村民（吴新照）：不是，这是老家具。

调研员：那个方桌也是吧？

村民：嗯，那个方桌也是。

↑ 村民吴新照自制的可折叠小桌

小结

通过本次访谈，了解到古村落吴垭已有二百多年历史，地理位置在丘陵地带，土地贫瘠，村民靠天吃饭，每人大概三四分地。村民生活还比较清苦，平时也只有留守的老人和孩子二三十人在村里生活居住，村里年轻人大部分外出打工，或已搬离村庄到内乡县城居住。

随着吴垭村被评为国家级中国传统村落后，旅游业也有所发展，已经有不少游客来到这里，但是村民的收入并没有因为游客的到来而有所提升。分析原因也是多方面的：一方面是村落保护不当，游客到来看到的是一片原生态的石头村落景象，首先是很亲切，但在仔细游走的过程中发现，还有很多破败的房屋没有得

↑ 虎头剪样

↑ 虎头剪样

↑ 虎头鞋

到很好的修缮，甚至有些荒凉，游客也表示出遗憾，游客停留时间一般不超过一小时；另外，随着传统村落旅游加大对外宣传力度，已经开始有外来的人偷盗村民的一些生活用品，破坏他们原有的生活方式，例如原来他们外出不用锁门的，现在需要看好门户。

民俗方面，主要有过年腊月二十八蒸枣山，三十上午吃过早上饭贴对联等习俗。在嫁娶上，男方出彩礼，女方出嫁妆。在传统手工艺方面，调查中发现少许剪纸、缝制鞋垫等手艺。原来在村落生活的村民（如村民李贵莲）会这些技艺，但目前已离开村庄，到内乡县城居住；另外，会做枣山馍的村民现在也不去做了，觉得麻烦，孩子们都不在家，做了也是浪费，传统手艺丢失。另外，通过对村民吴新照的调查访问，了解到他会做一些结构简单的家具。由于他的媳妇生病瘫痪在床，他本人还有七十多岁的老母亲需要照顾，只有一个闺女也已外嫁，所以他并未离开村庄外出打工，一家人生活清苦。

（二）访谈时间：2015 年 2 月 26 日

访谈地点：村民吴万军家平房顶

访谈参与人：南阳师范学院调研员田晓

村民：吴万军

访谈内容：主要了解村民的衣食住行、宗教信仰、婚育、娱乐、民
俗礼仪活动等方面的基本生活情况

访谈目的：通过实地调查，进一步寻找相关的民间手工艺人、挖掘
民间文化

↑ 村民吴万军（左）、调研员田晓（右）

棋盘广场的棋子目前只有吴万军家楼上还有一个，其他棋子都散落，有的被偷盗。

调研员：咱们这儿有没有地契？

村民（吴万军）：地契？俺们这个房子有，房产证都有。

调研员：能不能拿出来让我们看一下。

村民（吴万军）：这房子有，后边的石头房子没有。那石头房子都是几百年的，祖祖辈辈传下来的，没有地契。

调研员：咱村里边二百多人，几十户，哪一家比较富裕？

村民（吴万军）：现在好多都不在家，现在也不好说。

调研员：原来，就是以前老辈的时候。

村民（吴万军）：就是后边，老辈的时候，后边都是地主。

调研员：后边的几家是地主，是吧？

村民（吴万军）：后边是吴新照的房子。带挨身儿（内乡方言：邻居）的两座都是以前分地主的房子。

调研员：他们的房子都算是当时最好的房子了？

村民（吴万军）：哦！那都是地主的房子。

调研员：我看那边有几座没有人住，前面有一块空地。

村民（吴万军）：那房子年代多，那就是俺们老祖先来的时候的房子，后来坏了又修过。想看的话一会儿让他们把门打开，你们进去瞅瞅。

调研员：那太好了，就是咱这一片村里有读书人没有？

村民（吴万军）：少得很呐，考上名牌大学的没啥。

调研员：一般大学呢？

村民（吴万军）：一般大学的没有几个，都是出去挣一碗饭吃。

调研员：有没有会做什么手艺的？你在外边都主要是做什么的？

村民（吴万军）：咱出力挣钱嘛，在外边装修、刷涂料。

调研员：嗯，村里现在出去打工的人可多是吧？

村民（吴万军）：嗯，多，人都出去打工了，现在在家里根本不挣钱，这种地出力，收得也不多。

调研员：地不肥，是吧？

村民（吴万军）：地行就是出力，收庄稼了，收割机进不去，收麦需要人工收割，掰玉米需要人往地外面扛。

调研员：现在有一条路，以前没有路的时候，咱们拉庄稼什么的都是怎么出去的？

村民（吴万军）：有路，就是路坑坑洼洼，不好走，能走，用拉车运，牛车。

村民（吴万军）：你看，这是房产证，就是这个。

调研员：我们只用拍张照就行，谢谢。

调研员：我看他们吴新照会木匠活儿，做家具。

村民（吴万军）：我挨身儿这也是一个木匠。

调研员：这边也是一个木匠？他俩谁做得好一点？

村民（吴万军）：基本上都行！挨身儿这个捏墩（方言：做凳子，也叫小椅儿）捏得好。

调研员：咱们这边石匠有没有？

村民（吴万军）：石匠？石匠这边没有。

调研员：那你的石头房子都是谁建的？

村民（吴万军）：石头房？这个都能建。

调研员：那你嫂子家的房子修的时候，都是谁给她修的？

村民（吴万军）：也有村里的人，也有别的村的人，村里的人不多。

调研员：结工钱什么的都是谁管着？

村民（吴万军）：包给别人了，包给西边那个挨身儿的队里了，不是村里的，村里人不多。

调研员：他这个房子修也是包给包工头，包工头找人修，找的人当中有没有咱村的人？

村民（吴万军）：有，有咱村里的人。

调研员：他的墙没有改，主要是顶坏了。

村民（吴万军）：嗯，当时就修了房顶。基本上砌的石头，村里的人基本都会砌。

调研员：都会，差不多都会是吧？

村民（吴万军）：嗯，岁数大的要砌得好一点儿。有的砌得不好，时间长了容易倒，压不住茬儿（这里指重心不稳）的话会容易倒。

调研员：压不住茬儿会容易倒？

村民（吴万军）：因为是干插的，没有用石灰水泥。

调研员：哦，没有打磨石材后砌墙？

村民（吴万军）：不打磨就是按原来的石砌材形状，不平的话用小石块支一下。

调研员：我听说大娘会做枣山，都说你母亲会做，然后我问她，她说不会。

村民（吴万军）：这几年就没人做了，以前的时候也是别人带面她做的，后来就没做过，多少年都没有蒸过。

调研员：我看村那边有那么多竹子，这竹子都是干什么用的？

村民（吴万军）：以前有人编家具，现在都没有了。

调研员：编家具？你都知道谁编家具？

村民（吴万军）：俺们村有一个老汉，人家会编，腿不行了，现在城里住，以前在家编。

调研员：现在没有人会编了吗？

村民（吴万军）：编，也是编蒸馒头的蒸箅。

调研员：现在都还有谁会编？

村民（吴万军）：就做凳子那个都会，无非现在编耙子用了什么的。

调研员：我们一路上看到很多做酒的，咱们村做不做？

村民（吴万军）：黄酒，现在不做了，以前都会做，不过这两年做的少了。

调研员：就是走出去的人，还会做这个酒？

村民（吴万军）：不是，岁数大的会做，大部分都会做，以前种谷子，回来了发一点儿自己喝。

调研员：自己种谷子，自己酿自己喝。

村民（吴万军）：自己做得要好一点儿，比买别人的喝着放心。

调研员：那现在不种谷子了？

村民（吴万军）：不种了，小虫（麻雀）都给吃完了。

调研员：现在谷子都是从外地买过来的？

村民（吴万军）：嗯，现在都是从外地买的（这里是指谷子从周边购买，然后酿制黄酒）。

调研员：我还有一个问题，现在咱们这边是通自来水了，刚才那一家为啥没有通水呢？

村民（吴万军）：也不算是自来水，就是从地下水抽上来，到河里面再引到每户家里。

调研员：引到家里，刚才那家怎么用拖拉机拉水？

村民（吴万军）：他们家在岭上住，因为他家地势高，水压不够。

调研员：他也是咱村的人？

村民（吴万军）：嗯是！他家在凉亭那边住，那里有三四户人家在那住。

调研员：哦，他也是姓吴吧！

村民（吴万军）：不是，村里只有他们一家姓"严"。

调研员：那为啥去他们家拉水呢？是不是有什么亲戚关系？

村民：也不是，方便，离他们家近，等于还是亲戚，是他姑奶奶。

调研员：是有亲戚关系。

村民（吴万军）：村里都和谐，到谁家都让拉水，本身一个村都是一个老祖先，都是亲戚。

调研员：咱们村是不是十几个组？

村民（吴万军）：小组？小组有十四五个吧。

调研员：是不是只有两个组有饮用水？

村民（吴万军）：也不是，靠路边住的都有水，有井的地方都有水，村西边打井不出水就没有水。

调研员：不是现在有水井了吗？

村民（吴万军）：以前打了一口井供我们这两个组吃水用，后来整个大队都用这一口井，没办法，后就抽水到河里边，最后引到户里。

调研员：我在网上看到咱村里有这几个人，我了解一下，咱们小队长叫吴新庆是吧？

村民（吴万军）：嗯，是。

调研员：他家在哪住？

村民（吴万军）：下面石磙的边上就是。

调研员：是不是他家房子跟你家房子一样的？

村民（吴万军）：砖屋架一样。他们家房子就是那个三进院，钥匙就在他那。

调研员：哦，那一会儿我们去瞅瞅，然后咱们这个乡长叫什么？

村民（吴万军）：乡长换几个了，不知道，这得问别人。

调研员：还有一个人叫吴新元，吴新元是谁？

村民（吴万军）：吴新元？村里没有叫吴新元的。

调研员：没有？因为我在网上视频上看到过，岁数应该就和吴新照他们的岁数差不多。

村民（吴万军）：那不是哩，吴新元？你在网上看的？

调研员：嗯，在网上看的，他就是会建这个房子，石头房子。

村民（吴万军）：那应该是吴新庆，不是吴新元。

调研员：吴新庆是你说的小队长？一会儿咱们去看看，谁会建这个房子，比如，吴新照他会建这个房子不会？

村民（吴万军）：盖房子的话，非得那种岁数大的能行，有经验，像我大爹，木匠、泥匠都会，他能跟你说清楚。

调研员：他叫什么名字？

村民（吴万军）：吴景运，他家会。

调研员："景运"怎么写的？

村民（吴万军）："风景"的"景"，"运动"的"运"。

调研员：在家没有？

村民（吴万军）：在家。

调研员：那一会儿去看看。

吴新庆

吴新照家人

吴康姐弟

村民喂羊

吴新照

吴景运

村民去赶集

村民吴景运访谈

访谈时间：2015 年 3 月 16 日

访谈地点：吴景运家

调研员：蔡伟

    调研员：伯，我想问问现在这种石头房子你还盖不盖？

    村民：可盖，村里的房子修、盖都做。

    调研员：都是你盖的？

    村民：不是，不是说都是我盖的，不过咱也是参加者。

    调研员：先问一下，伯叫啥名字？

    村民：吴景运！

    调研员：多大岁数了伯？

    村民：还有一二十天都 73 岁了。

    调研员：73 岁了？

    村民：咱们哪里过来的？

    调研员：南阳的。

    村民：南阳广播电台，还是啥？

    调研员：南阳师范学院的。

    村民：哦，学校里的。

    调研员：是大学里边的，来做调研。

    村民：哦，我孙子在西安上学，今年考在那。

    调研员：伯，了解一下风俗什么的，咱这文化很有特色。

    村民：要说俺们村当上文物保护村有好处，但也有坏处，俺们这边几家房子的锁都被撬开了。

    调研员：是发现你们家有好东西了？

村民：我那时候有一对狮子，在现在可能要值几千块钱，在门前被偷走了。

调研员：石狮子是吧？祖上传下来的？

村民：不是，是烧那种瓷器的。

调研员：哦，瓷器的。老先生会烧这个瓷器？

村民：不是，不是，是在别的地方买的。

调研员：像咱家里有这个地契没有，或者分家的文书没有？

村民：没有文书，我保存的瓷器碗有几个。

调研员：能不能看一下。

村民：有，我给你找一下。

调研员：这也有些年头儿了。

村民：可有些年头儿了！

调研员：拿到外面光线好一些。

村民：别人来收我都没有卖！

调研员：不卖，留着。收拾好放起来，还有什么家具？现在村里盖这个房子，你是在哪学的这个，有没有年轻人做这个？

村民：年轻的都不做，石头摆放他们不会，石头缝卡着要正好。

调研员：是不是堆砌石头，一层一层堆起来，这个石头你得挑？

村民：是，这个地方放那块石头正好的话，赶快拿过来放这个地方。

调研员：你的意思是石头大小要正好，年轻人瞅不准？

村民：几个老木匠下去了（去世了），建房子什么的都有我参加。

调研员：石头有大有小，是怎么做的？

村民：有大有小都先放一边，用上大的拿大的，用上小的拿小的。

调研员：石头，比如说建地基是不是大的放下边？

村民：下面要放好的。

调研员：方正的放下边是吧？

村民：对，是的！石头的厚薄不一样，缝隙大的加一点儿就平了。

调研员：哦，就是支一下。

村民：平的话不容易倒，石墙还好看。

调研员：我懂了，是增加一个摩擦面，不容易倒还有装饰，这墙上糊一层泥是为什么？

村民：黄泥糊一层，一是墙体结实，二是屋里保暖。

调研员：里边也是这样？

村民：嗯，里面也是，石头有一尺半宽。盖好了统一和一点麦糠泥糊一下。

调研员：等于把缝隙填充上了结实还保暖。伯，你的这个石槽是怎么做的？

村民：这个石槽是打的。

调研员：你打的？

村民：嗯，是我打的，用钻磨的钻头打的。

调研员：这个石槽多少年了？

村民：这有很多年了。

调研员：伯，我看很多家的墙上都有这个柿子盖，这是干什么用的？

村民：这是柿子吃完之后剩的柿子盖儿，有时候做药引子。

调研员：治什么病的？

村民：说是小陈香，我这有木头的一个锛。

调研员：那个拍个照片。

村民：盖房子不用这个，做不了。

调研员：这个怎么用的？

村民：木头不平，有疙瘩用这个锛，房顶木结构的檩条柱子上用。

调研员：这个竹篓是干什么用的？

村民：这个是抱鸡娃儿（养小鸡），不让小鸡跑，用的鸡笼。

调研员：编这些东西你会不会？

村民：这不会，这是我爹编的。

调研员：哦，老一辈的编的，样式挺好看。你这挂这么多叶子是……

村民：蒸馒头用的叶子。

调研员：蒸馒头用的？

村民：蒸馒头用的光桐树叶。

调研员：蒸出来的馒头香吧？

村民：也不是香，只是为了不让往蒸箅上粘连。

调研员：有的地方用的是苇子叶，这是光桐叶，这个是拉牛的……

村民：这个是犁地的炮仗！

调研员：炮仗？

村民：梭头，牛梭头。

调研员：这个是不是松子儿？

村民：这个是橡子儿！

调研员：有松鼠没有这儿？

村民：以前有，现在没有了。

调研员：伯，给你们拍几张照片，等以后洗出来给你送过来。

村民：怎么拍，就坐在这儿？

调研员：好的，一会儿合个影！

村民：好，大吉大利！

调研员：伯！你这有老照片没有？地契你有没有？

村民：这个没有合同，契约都没有。

调研员：你这个蜂是咋养的？我看村里只有你一家有。

村民：我这蜂也不多，就几匹，这个东西贵哩很！

调研员：冬天是不是要喂它？

村民：秋天不旱，风调雨顺的话，蜂自己产的糖够过冬。

调研员：蜂是你什么时候开始养的？

村民：蜂是自己来哩，人老三辈都养蜂，一个季节能挣五六百块钱。

调研员：咱这是纯的？

村民：去年北京的人过来旅游，卖给他八十块钱一斤。

调研员：你这真材实料嘛，就是不一样。

村民：还来屋里坐啊！

调研员：再去别的地方看看。

村民：再过来了进屋坐坐。

调研员：中中中，好！

村民吴新庆访谈

访谈时间：2015 年 3 月 16 日

访谈地点：吴新庆家

调研员：蔡伟

　　调研员：咱这村里有多少人？

　　村民：村里有一百八九十个人在，在家住的人少。

　　调研员：你在家住不在？

　　村民：我在家住。

　　调研员：这是你家的老房子？

　　村民：不是，这是我侄子家的房子，来来来，来屋里坐。

　　调研员：好，我看那边那么多石碑是干什么的？

　　村民：那是每家的石头块。

　　调研员：那都没有挂起来，是保护碑，每家都做一块？

　　村民：嗯，那个石头不好刻。

　　调研员：哦，那个伯，你的电话号码是多少？记一下，回头来了直接和你联系！

　　村民：138×××××××。

　　调研员：叫什么名字啊？

　　村民：吴新庆

　　调研员：我在电视上看见你，是电视的纪录片，有你在上面说话，是不是南阳电视台过来调研过？

　　村民：嗯，省里也来过。

　　调研员：为啥那个吴垭有些是土字边，这边是一个亚洲的亚，门牌上都写着山字边，牙齿的牙（岈），是哪个对了？

村民：是山字边的，右边是牙齿的牙。

调研员：网上边是这两个都有，现在这边盖房子，吴景运他们算是辈儿数高一点儿的人了吧？

村民：景运，俺们是一辈的。

调研员：你们不是"新"字辈儿的吗？

村民：现在都乱了。

调研员：哦！现在都乱了？咱们有没有家谱什么的？

村民：没有，新字辈的多一点儿。

调研员：新字辈的多一点？

村民：太字辈是长辈。

调研员：咱们这儿从村里走出去到县里有没有做生意做得好的？

村民：有，有两家。

调研员：他们主要做什么生意？

村民：一家开了工厂。

调研员：有没有啥手工艺做得好的这种能工巧匠？

村民：村里也就盖房子，木匠。

调研员：吴新照是做这个？

村民：他是一个木匠，吴景运也是一个木匠。

调研员：是只在咱这儿做还是也接外地的活儿？

村民：也接外地的。

调研员：其他队里有这活儿了，他也去干？

村民：好的会捏小椅儿，细木扎。

调研员：伯！咱们这片儿的房子哪一家是最好的？最大的？最早的？

村民：俺家老院就是。

调研员：咱们去瞅瞅去！你带钥匙了没有？

村民：有！家里有人，孩子们在。

调研员：咱们去看看你们的好房子。

调研员：这是一棵什么树？

村民：杏树。

调研员：杏花，开得真好看，粉红的。这个是村里保存最好的吧？

村民：这是老宗来的时候的房子。

调研员：谁是老宗？

村民：俺们老宗，老祖宗。

调研员：哦！老祖，老祖宗。这听懂了。这个房子来过几次想进都进不去。

参考文献

（1） 费孝通．乡土中国．北京：北京出版社,2005.

（2） 梁雪．传统村落实体环境设计．天津：天津科学技术出版社,2006.

（3） 冯骥才．中国传统村落立档调查范本．北京：文化艺术出版社,2014.

（4） 冯骥才．中国传统村落立档调查田野手册．北京：文化艺术出版社,2014.

（5） 徐向升．内乡文化遗产．郑州：中州古籍出版社,2012.

（6） 内乡县地方史志编纂委员会．内乡县志．北京：生活•读书•新知三联书店,1994.

（7） 内乡县地名办公室．内乡县地名志．郑州：河南人民出版社.

（8） 中共内乡县委,内乡县年鉴编撰委员会编．内乡年鉴.2012.

（9） 吴良墉．人居环境科学导论．北京：中国建筑工业出版社,2001.

（10）周建明．中国传统村落保护与发展．北京：中国建筑工业出版社,2014.

（11）王路生．传统古村落的保护与利用研究——以秀水国家历史文化名村为例．重庆大学,2012.

（12）吴良墉．广义建筑学．北京：清华大学出版社,1989：40.

（13）陆元鼎．中国传统民居与文化．北京：中国建筑工业出版社,1992.

（14）陆元鼎．民居史论与文化．广州：华南理工大学出版社,1995.

（15）徐晨曦．古村落人居环境保护研究——以湖南岳阳张谷英村

为例 . 湖南师范大学 ,2012.

（16）内乡县志编撰委员会 . 内乡县志 1978—2003. 郑州：中州古籍出版社 .

（17）吴慧敏 . 豫西山地传统聚落及建筑地域性研究 . 郑州大学，2013.

（18）赵勇 . 中国历史文化名镇名村保护理论与方法 . 北京：中国建筑工业出版社，2008.

（19）华欣 . 豫西山地传统居民聚落及营造技术研究 . 郑州大学，2014.

（20）白庚胜总主编，尹先敦，张虎山卷主编 . 中国民间故事全书•河南•内乡卷 . 北京：知识产权出版社，2011.

（21）中国人民政治协商会议内乡县委员会文史资料研究委员会 . 内乡文史资料：第 1 辑 .1984.

（22）〔清〕宝鼎望纂修 . 河南省内乡县志 . 台北：成文出版社有限公司，1976.

（23）内乡县乍岖乡人民政府 . 内乡吴垭石头村文化产业园项目 . 南阳市财政局，2016.

（24）孙国文 . 内乡民俗志 . 郑州：中州古籍出版社，1993.

（25）〔明〕胡匡纂修 . 内乡县志 . 北京：全国图书馆缩微文献复制中心，1992.

（26）中国人民政治协商会议内乡县委员会学习和文史资料委员会 . 内乡文史资料：第十辑 内乡宛梆专辑 . 北京：政协内乡县委员会学习和文史资料委员会，2008.

（27）徐新华 . 内乡名胜 . 郑州：中州古籍出版社，1996.

（28）内乡县史志编纂委员会编 . 内乡年鉴：2016. 郑州：中州古籍出版社，2016.

（29）王晓杰．内乡县衙与打春牛．郑州：中州古籍出版社，
2016.

（30）姚文书．康熙内乡县志：卷之一—十二．郑州：中州古籍出版社，2016.

（31）罗杨总主编，尹先敦，张虎山主编．中国民间故事丛书·河南南阳·内乡卷．北京：知识产权出版社，2016.

（32）中国地方志集成：60 河南府县志辑．上海：上海书店出版社，2013.

（33）内乡文庙．成都：西南交通大学出版社，1990.

（34）周喜昌主编，河南省内乡县粮食局编．内乡县粮食志．内乡：河南省内乡县粮食局，1998.

（35）费孝通．江村经济．北京：商务印书馆，2001.

（36）左满堂，白宪臣著．河南民居，北京：中国建筑出版社，2007.

（37）走进宛西原生态古村落——内乡吴垭石头村系列．大河报，2009.

（38）周芸．豫西南山区传统石板民居的院落空间及建筑特色．中外建筑，2013.

（39）余颖．村庄·民俗·民间美术．中央美术学院博士论文，2010.

（40）孟宪明著．中原民俗丛书：民间礼俗．郑州：海燕出版社，1997.

（41）孟宪明主编．中原文化大典·民俗典·民间生活．郑州：中原传媒出版集团，中州古籍出版社，2008.

后 记

　　2012 年 12 月，吴垭村被国家住房和城乡建设部、文化部、财政部批准列入第一批中国传统村落名录。2014 年 6 月，接到中国民间文艺家协会通知，要求中国传统村落所在地文联及摄影家协会开展立档调查工作。2014 年 9 月，河南省南阳师范学院师生率先加入天津大学冯骥才文化艺术研究院传统村落立档调查志愿行动中，成立了由文字、摄影、摄像等 12 人组成的中国传统村落吴垭村立档调查志愿者工作队。时任河南省民间文艺家协会主席夏挽群、秘书长程健君给予了师生志愿者工作队很多的关心和支持。2016 年 5 月 20 日，中国民间文艺家协会带领"一带一路"民间文化探源工程专家组亲赴吴垭石头村调研。2016 年 8 月，由南阳师范学院主持的河南省文联试点项目《中国传统村落图典——河南吴垭村》建档工作正式立项，该项目经过前期的走村入户调查，结项报告通过专家组评审并顺利结项。2017 年 8 月，河南省民间文艺家协会又下达任务，要求编撰列入"中国民间文化遗产抢救工程"项目的《中国历史文化名村·河南吴垭》一书，河南省民间文艺家协会主席程健君就此书编写给予了全面指导。在此书完稿之际，感谢在课题确定、搜集资料、实地调研的过程中，给予工作组关心与支持的天津大学中国传统村落保护与研究发展中心蒲娇、孔军博士；鹤壁市文广新局局长刘炳强、副局长王中文；内乡县衙博物馆原馆长李茗公，乍岖乡人大原副主席景子飞，内乡直播记者齐延波，河南群拓影视传媒有限公司总经理刘真等领导和同志。在课题组对吴垭村

↑ 学生志愿者郭德宇（右一）、王闯（左一）与村民开展调研

进行田野调查的过程中，南阳师范学院环境科学与旅游学院苏博、李丹博士提供无人机航拍的技术支持，感谢美术与艺术设计学院学生郭德宇、王闯、朱寿长等同学在后期资料整理中付出辛勤的劳动。正是所有参与者的共同努力，使得课题组在一次次深入吴垭村进行实地考察、访谈以及现场拍摄过程中，取得了较为完整的村落现状第一手资料。

此外，在吴垭村实地调研期间，许许多多平凡的村民如吴新庆、吴景运、吴新照、吴万军、吴洒等给予课题组无私的帮助，并提供了很多宝贵的村史资料。在此一并向他们致以崇高的敬意！感谢吴垭人以朴实的言语和积极向上的生活态度给了我们莫大的鼓励和支持！

本书由以下几位同志负责编写：陈晋负责编写第二章；袁玲负责编写第五章；其余章节、引言及附录等内容由田晓整理编写，并对全书进行审阅和修订。

由于本书编写时间仓促，内容涉及面较广，编者水平有限，差错在所难免，恳请读者批评、指正！

《中国历史文化名村·河南吴垭》编委会

2018 年 6 月 3 日

↑ 教师志愿者田晓调研民俗活动

↑ 南阳师范学院传统村落保护师生志愿者与村民合影

图书在版编目（CIP）数据

中国历史文化名村．河南吴垭／潘鲁生，邱运华总主编；中国民间文艺家协会组织编写．
—北京：知识产权出版社，2019.1

（中国历史文化名城·名镇·名村丛书）

ISBN 978-7-5130-5920-6

Ⅰ．①中… Ⅱ．①潘… ②邱… ③中… Ⅲ．①乡村—概况—河南 Ⅳ．① K928.5

中国版本图书馆 CIP 数据核字（2018）第 238820 号

责任编辑：孙　昕　　　　　　　　　　　责任校对：王　岩
书装设计：研美文化　　　　　　　　　　责任印制：刘译文

中国历史文化名城·名镇·名村丛书

中国历史文化名村·河南吴垭

中国民间文艺家协会　组织编写

总　主　编　潘鲁生　邱运华

本卷主编　田　晓

出版发行：知识产权出版社 有限责任公司		网　　址：http://www.ipph.cn	
社　　址：北京市海淀区气象路 50 号院		邮　　编：100081	
责编电话：010-82000860 转 8111		责编邮箱：sunxinmlxq@126.com	
发行电话：010-82000860 转 8101/8102		发行传真：010-82000893/82005070/82000270	
印　　刷：天津市银博印刷集团有限公司		经　　销：各大网上书店、新华书店及相关专业书店	
开　　本：720mm×1000mm　1/16		印　　张：12.25	
版　　次：2019 年 1 月第 1 版		印　　次：2019 年 1 月第 1 次印刷	
字　　数：150 千字		定　　价：80.00 元	

ISBN 978-7-5130-5920-6